Jean Vanier

Heile, was gebrochen ist

Jean Vanier

Heile, was gebrochen ist

Die Botschaft vom ganzen Menschen

Mit einem Vorwort von
Henri J. M. Nouwen

Herder
Freiburg · Basel · Wien

Titel der englischen Originalausgabe:
The Broken Body
Journey to Wholeness

Darton, Longman and Todd Ltd.
89 Lillie Road, London SW6 1 UD

Übertragung ins Deutsche von
AGNES ZIEBARTH

Zweite Auflage

Gesamtherstellung: Freiburger Graphische Betriebe 1991
ISBN 3-451-21603-5

Während der letzten zwanzig Jahre haben junge Menschen eine wichtige Rolle in meinem Leben gespielt. Mit ihrem tiefen Verlangen nach Gott und nach authentischen Wegen, das Evangelium zu leben, stellen sie für mich eine Herausforderung dar. In unserer zerbrochenen Welt löst ein solches Verlangen jedoch Schmerz, Angst und manchmal auch Verzweiflung aus. Dieses Buch ist für alle jungen Menschen gedacht, die zwar manchmal wütend sind und sich auflehnen, aber doch offen bleiben; die sich manchmal verirren, aber doch weiter suchen und Durst haben; die manchmal weinen, aber sich doch einen Schimmer von Hoffnung bewahren.

Das Buch möge uns helfen, die Wasser zu entdecken, die aus der Zerbrochenheit der Welt und aus dem Herzen Jesu hervorströmen.

Jean Vanier

Inhalt

Vorwort zur deutschen Ausgabe

Von Henri J. M. Nouwen

Trosly ist ein unscheinbares Dorf in der Nähe der nordfranzösischen Stadt Compiègne. Im August 1964 kaufte sich hier der Kanadier Jean Vanier ein kleines Haus und nahm zwei behinderte Männer bei sich auf. So nahm eine neue Geistliche Bewegung ihren Anfang, die Jean die „Arche" nannte und die heute in vielen Ländern bekannt und geachtet ist.

Jean Vanier wollte ursprünglich im Grunde nichts anderes, als mit armen Menschen zusammen in Armut zu leben. Aufgewachsen war er in aristokratischem Milieu: sein Vater war von 1959 bis 1967 Generalgouverneur von Kanada. Nachdem er zwölf Jahre in der Royal Navy gedient hatte, ging Jean nach Paris, um Philosophie zu studieren. Später wurde er Dozent am St. Michael's College der Universität von Toronto. Aber sein Erfolg befriedigte ihn nicht. Er fühlte sich zu einem anderen Lebensstil berufen, der einfacher, ärmer und mehr auf Gebet und dienende Hingabe ausgerichtet sein sollte. Zunächst überlegte er, ob er Priester werden solle; kurz vor seiner Weihe wurde ihm jedoch deutlich, daß ihn Christus zu etwas anderem berufen wollte. Zuerst wußte er nicht, was dieses „Andere" war, – doch mit der Zeit, unter der geistlichen Begleitung des Dominikaner-Paters Thomas Philippe, vernahm er den Ruf, seine Universitätslaufbahn aufzugeben, zwei geistig Behinderte, Raphael und Philippe, zu sich ins Haus zu nehmen und ein ganz einfaches Leben in der Nachfolge Jesu zu beginnen.

Als er diese beiden Männer aus der Anstalt abholte und sie nach Trosly in seine „Arche" brachte, wußte er, daß er etwas tat, von dem es kein Zurück mehr geben würde. Raphael und Philippe hatten weder Eltern noch andere

Angehörige, die für sie hätten sorgen können. Sie in die Anstalt zurückzuschicken, aus der sie gerade freigegeben worden waren, wäre undenkbar gewesen. Für den Rest seines Lebens war er an diese beiden geistig Behinderten gebunden. Er selbst empfand dies als eine Verbindung mit den „Armen im Geist" – eine Beziehung, die lebenslange Treue erforderte.

Im August 1964 hatte Jean Vanier nur den einen Gedanken, sein ganzes Leben Raphael und Philippe zur Verfügung zu stellen. Obwohl er fest davon überzeugt war – zuerst zum Entsetzen seiner Eltern –, daß er berufen war, seine vielversprechende akademische Laufbahn für diese beiden armen Menschen aufzugeben, wußte er wenig oder nichts vom Umgang mit geistig Behinderten. Er verließ sich auf seine Intuition und fand Unterstützung durch seinen geistlichen Begleiter Thomas Philippe, der ihm immer wieder Mut zusprach. Als Jean Vaniers Entschluß aber bekannt wurde, kamen nach kurzer Zeit junge Leute aus verschiedenen Ländern nach Trosly, um ihm zu helfen. Entgegen Jeans eigener Erwartung wurde aus dem kleinen Haus „L'Arche" eine weltweite Bewegung – mit Häusern für Behinderte nicht nur in Westeuropa, sondern auch in Asien, Australien, Afrika und Süd-, Mittel- und Nordamerika.

Als Jean Vanier von Toronto nach Trosly zog, änderte er die Richtung seines Lebens grundlegend. Er verzichtete auf eine Karriere, die ihn auf der Leiter des Erfolges immer höher hinaufgeführt hätte, und entschied sich für eine Berufung, die ihn zu den Armen hinabführte, zu den Schwachen, Kranken und Leidenden. Denn der Blick für die Zerbrochenheit unseres Menschseins wird um so klarer, je tiefer wir hinabsteigen.

Hinführung

Dieses Buch möchte einen Weg aufzeigen,
einen kleinen Weg,
den Jesus
mir und vielen anderen auf der Welt,
die ihm nachfolgen,
geschenkt hat.
Der Weg ist sehr einfach und heilsam,
er führt uns in die Liebe Jesu
und der seines Vaters
durch einen Bund der Liebe
mit den Armen, den Schwachen und den Unterdrückten.

So viele von uns laufen vor den Menschen weg,
die vor Schmerz aufschreien,
die zerbrochen sind.
Wir verstecken uns in einer Welt,
die uns Ablenkung und Vergnügen verschafft,
oder wir verschanzen uns hinter Dingen,
die es noch zu erledigen gibt...
Wir können uns sogar hinter verschiedenen Gebetskreisen
und geistlichen Übungen verbergen,
ohne auch nur zu ahnen,
daß im Armen, im Schwachen, im Einsamen
und im Unterdrückten
ein Licht leuchtet.
Oder wenn wir vor dem Leiden unserer Mitmenschen
nicht weglaufen,
dann steigen wir vielleicht auf die Barrikaden,
und auch das versperrt uns die Sicht für das Licht Jesu,
das im leidenden Menschen schimmert.

Diese Seiten möchten dir,
meinem Bruder, meiner Schwester,
sagen, daß du vor leidenden
oder zerbrochenen Menschen nicht wegzulaufen brauchst,
sondern vielmehr auf sie zugehen
und sie berühren sollst.
Dann wirst du erleben,
wie in dir ein Quell der Liebe aufbricht,
der aus der Auferstehung entspringt.

Auf diesem Weg
mußte ich meiner eigenen Dunkelheit
und Zerbrochenheit begegnen
mit der tiefen Gewißheit, daß ich geliebt bin;
und obwohl ich dabei meine Träume von unserer Welt
und viele Illusionen über mich selbst loslassen mußte,
wachsen in mir ständig Hoffnung und Vertrauen
auf das Licht, das in jedem Menschen leuchtet:
ganz gleich, ob er gläubig ist oder nicht.
Doch, in diesem zerbrochenen Kind
leuchtet ein Licht;
in dem Mann im Gefängnis
schlägt ein Herz;
in der Frau, die der Prostitution zum Opfer fiel,
steckt die Sehnsucht nach Leben;
in dem reichen, besitz-hungrigen
und nach Macht strebenden Menschen
steckt ein reines Kind;
in dem jungen Mann, der an Aids stirbt,
ist das Licht Gottes;
in jedem Menschen,
mag er auch noch so zerbrochen, sündig,
verhärtet, herrschsüchtig oder grausam sein,
steckt ein Wasserquell, der nur darauf wartet,
endlich hervorsprudeln zu dürfen.

Wenn du dich mit Jesus auf diesen Weg begibst,
wird er dich
zu den Armen, den Schwachen, den Einsamen

und den Unterdrückten
führen
nicht voller Angst und Verzweiflung,
nicht voller Schuld- und Ohnmachtsgefühle,
nicht voller Wut und Empörung,
nicht voller Theorien und vorgefaßter Lösungen,
sondern neu und zutiefst erfüllt
von Frieden, Liebe und Hoffnung.

Und er wird dir den neuen Sinn
des Leides und der Dunkelheit auftun
und dir zeigen, wie aus den Wunden der Zerbrochenheit
Freude hervorströmt.
Er wird sich dir
verborgen im Armen, im Schwachen, im Einsamen
und im Unterdrückten
zu erkennen geben.

Er wird dir zeigen,
wie du die von zärtlicher Liebe
und Treue geprägte Beziehung,
die der Ursprung jeglichen Lebens ist,
wieder finden, aufbauen, erneuern und empfangen kannst.
Sie wird sich nur als winziges Samenkorn
zu erkennen geben,
doch kann aus diesem Samenkorn neues Leben
für die ganze Welt erwachsen.

Machen wir uns gemeinsam auf den Weg
mit unsern Schwestern und Brüdern
in dieser unserer zerbrochenen Welt.
Machen wir uns gemeinsam auf den Weg
mit Jesus
und entdecken, daß es ein Weg der Hoffnung ist.

Erster Teil

Unser zerbrochener Leib

Wir leben nicht mehr in einer Welt voller Optimismus.
Das war die Welt der 50er und 60er Jahre.
Der schreckliche Zweite Weltkrieg war vorbei.
Die Menschen waren erschöpft und wollten Frieden;
nach langer Zeit wurden Länder
aus der Kolonialherrschaft befreit;
das Wirtschaftswachstum schien allen
ein gutes Leben zu versprechen.
Es bestand große Hoffnung, daß
Armut und Hunger von dieser Erde verbannt würden,
niemand mehr Mangel leiden müsse
und jeder sein Schicksal frei bestimmen dürfe.

Aber in diesem schrecklichen Krieg
waren zwei furchtbare Samenkörner gesät worden:
zum einen der Atompilz über Hiroshima und Nagasaki,
der in einem einzigen schicksalshaften Augenblick
Hunderttausende von Menschen tötete
und unzählige andere verstümmelte;
zum andern die Lager
in Auschwitz, Dachau, Ravensbrück,
Buchenwald, Bergen-Belsen –
alles Stätten der Ausrottung des jüdischen Volkes;
rund sechs Millionen Leiber wurden in Öfen verbrannt,
eine Grausamkeit und ein Greuel,
das nur wenige fassen konnten.
Diese zwei Samenkörner sind uns geblieben.

Wir nähern uns nun dem Jahr 2000 –
der Optimismus von damals
ist der Hoffnungslosigkeit gewichen,
und unsere Illusionen schwinden mehr und mehr dahin.

Wir stehen der nackten Wirklichkeit
einer zerbrochenen Menschheit gegenüber.

Wir leben nicht länger in kleinen Dörfern,
abgeschnitten vom Rest der Welt,
ohne auch nur im geringsten zu ahnen,
was sich um uns herum abspielt.
Das Fernsehen zeigt uns Bilder
　　vom Hunger in Äthiopien,
　　vom Erdbeben in Mexiko,
　　von den Flüchtlingslagern in Kambodscha,
　　vom Krieg im Libanon,
　　vom Aufschrei und der Wut
　　　des palästinensischen Volkes,
　　vom Kampf auf Leben und Tod in Südafrika.
Wenn wir die Nachrichten einschalten,
wird uns das Leid der Welt vor Augen geführt,
und gleichzeitig sitzen wir im Wohnzimmer
und trinken gemütlich unser Bier –
hinter verschlossenen Türen,
vor Eindringlingen gut geschützt.

Wir scheinen da keine Hilfe bieten zu können.
Wir schauen uns die Schreckensszenen an
und hören den Aufschrei der Armen.
Doch weil wir nichts ändern können
und selber in unseren eigenen Bedürfnissen
nach Sicherheit und Bequemlichkeit verstrickt sind,
fühlen wir uns ohnmächtig und schuldig.

Das Fernsehen kann uns jedoch auch andere Bilder zeigen:
aufblitzende, ständig wechselnde,
spannende, farbenprächtige,
verführerische Bilder,
die wilde, stürmische Gefühle in uns wecken.
Aber es sind und bleiben nur Bilder auf einer Mattscheibe.
Beim Fernsehschauen
kommt es zu keiner wirklichen Begegnung
von Mensch zu Mensch,

bei der sich beide etwas zu sagen haben
und einander zuhören.
Denn da besteht weder
eine zwischenmenschliche Beziehung,
noch Mitgefühl, noch Gemeinschaft –
es sind lediglich Bilder, die uns nur noch mehr
in eine Traumwelt versetzen und darin isolieren.

Wenn jemandem in unserem Dorf
etwas Schmerzliches zustößt
oder ein Haus abgebrannt ist,
oder wenn es sich um eine andere Katastrophe
in unmittelbarer Umgebung handelt,
dann können wir da vielleicht eingreifen.

Aber was können wir an den Ereignissen ändern,
wie sie uns auf dem Bildschirm aus der Sahelzone
oder aus Mittelamerika erreichen?
Was können *wir* tun, um
den zerbrochenen Leib der Menschheit wiederherzustellen?

Kriege ziehen sich endlos hin,
immer noch verhungern Menschen.
Überall herrscht schreckliche Ungleichheit:
Arbeiter werden ausgebeutet
und Flüchtlinge fliehen vor Entsetzen.
Völker werden unterdrückt,
während gleichzeitig Politiker um Banalitäten streiten
und Kirchen sich gegenseitig bekämpfen.
Heute, da wir uns dem Jahr 2000 nähern,
scheint sehr wenig Grund zur Hoffnung zu bestehen.

So bleibt uns vielleicht wirklich nichts anderes übrig,
als uns vor dem Fernseher zu verschanzen
und den Schmerz dieser zerbrochenen Welt zu vergessen –
den Schmerz einer am Boden zerstörten Menschheit,
an dem wir nichts ändern können.
Wenn die Bilder zu grausam werden,
schalten wir einfach um

und suchen einen Film, der uns in Bann hält,
oder eine leichte Unterhaltungssendung –
egal was: die Hauptsache, es lenkt ab.

Zum ersten Mal in der Geschichte
können Kinder aus einem kleinen, traditionsreichen Dorf
in Ägypten oder Indien
Filme aus Amerika sehen.
Sie werden von Werten beeinflußt,
die denen ihrer Eltern völlig fremd sind.
Somit wird in die Vertrautheit ihres Zuhauses eingebrochen
und die Erfahrung der kulturellen Stabilität zerstört;
dieser Einschnitt geschieht zu einem Zeitpunkt,
da das Kind dies noch nicht verarbeiten kann.

Tiefgreifende Orientierungslosigkeit
und Zerrüttung der Familienbande
sind die Folge.
Die Kinder wachsen in einer Welt der Träume
und Illusionen auf,
die von außen manipuliert wird,
unstillbare Wünsche hervorruft,
falsche Bedürfnisse schafft,
Menschen abkapselt
und sie unfähig macht, sich ihre eigene Meinung zu bilden
oder Verantwortung zu übernehmen.

Das schreckliche Phantom des Atompilzes,
der Atombombe,
hängt schwer über der Menschheit –
dieser Wahnwitz des Menschen
im Wettlauf um Überlegenheit
in Rüstung und Kriegsführung.
Unmengen von Geld und menschlicher Energie
werden in die Herstellung von Waffen gesteckt,
in die Anfertigung von neuen, noch effektiveren Waffen,
die noch schneller und noch zielsicherer sind,
noch stärker und noch totaler zerstören –
während gleichzeitig viele Frauen in Afrika tagtäglich

stundenlang einzig und allein damit beschäftigt sind,
Wasser nach Hause zu tragen!

Noch nie war der Schrei nach Frieden so groß –
noch nie war die Gefahr so unermeßlich.
Heute könnte unsere Erde, unsere herrliche Erde
von diesen Waffen
vollkommen in Schutt und Asche gelegt werden.
Heutzutage sind Konflikte zu gefährlich,
denn alles Leben steht auf dem Spiel.
Mit unserem hochentwickelten Waffenarsenal
sind wir einem „Flüchtigkeitsfehler"
im menschlichen Ermessen oder in der Funktionstüchtigkeit
einer Maschine ausgeliefert.
Das wissen wir, und es macht uns angst.

Und dennoch *herrschen* überall Konflikte,
die mit Waffen ausgetragen werden,
und Terrorismus aller Schattierungen nimmt zu.
Menschen werden gefangen genommen, gefoltert,
oder sie verschwinden spurlos.
Diktaturen, gleich ob marxistischer oder militärischer Natur,
unterdrücken Menschen,
lassen sie nicht frei reden
und nehmen ihnen ihre Menschenrechte weg.
Und neben all dem ertönt auch
der schwache und schmerzerfüllte Schrei
des ungeborenen, abgetriebenen Kindes
oder des ungewollten, behinderten Kindes.

Und immer häufiger lehnen sich all jene,
die unterdrückt oder an den Rand gedrängt wurden,
voller Frustration und Wut
in bewaffnetem Widerstand auf
und verlangen ihren Platz, ihr Land
und ihr Recht auf Leben.

Ist Gewalt die einzige Lösung?
Gibt es einen anderen Weg?
Gewalt schafft immer neue Gewalt.

Wie häufig fallen doch die Freiheitsideale
noch grausamerer Gewalt
und noch stärkerer Unterdrückung
zum Opfer!

Kann es überhaupt einen anderen Weg zum Frieden geben?

Ständiger Wettbewerb
und das Streben nach Erfolg und Macht
beherrschen das Leben in den reichen Ländern.
In Kanada war auf einem Schild
in einem Klassenzimmer zu lesen:
„Es ist ein Verbrechen, nicht zu glänzen."
Jeder von uns muß erfolgreich sein,
sonst haben wir keine gesellschaftliche Stellung,
keine Arbeit, kein Zuhause.
Wer nicht siegt, wird fallengelassen.
So lernen wir, unser Herz zu verhärten
und darum zu kämpfen und zu ringen,
erster zu sein,
besser als alle anderen.

Wer das nicht schafft,
bleibt traurig und wütend auf der Strecke.
Er wird schnell in der Drogenwelt verlorengehen
oder verwirrt und orientierungslos
von Banden angezogen werden, die ihre eigene Hierarchie
und Erfolgsskala haben.
Andere fallen in den Abgrund der Verzweiflung –
sie wissen, daß es für sie keinen Platz, keine Arbeit,
keine Zukunft gibt;
vielleicht werden sie zum Selbstmord verführt.

Niemals zuvor war uns die ungeheure Kluft
zwischen denen, die haben, und denen, die nicht haben,
so bewußt.
Die Armen befinden sich größtenteils
auf der südlichen Erdhälfte,
wo die Bevölkerung ständig zunimmt;

aber es gibt sie auch
in den Elendsvierteln unserer Großstädte –
ohne Arbeit.
Andere sind in Anstalten und Krankenhäusern eingesperrt.
Die Reichen werden reicher
und halten an ihrer Macht, ihrem Ansehen
und ihren Vorteilen fest,
fühlen sich von den Armen immer mehr belästigt
und bedroht
und haben Angst, der Wirklichkeit,
die nach Umbruch verlangt, ins Auge zu sehen.

Der Leib der Menschheit ist sehr zerbrochen
und durch Mauern der Angst getrennt;
Menschen kapseln sich ab,
sie fürchten sich vor Unterschieden
und sind nur auf Sicherheit aus.

Nie zuvor waren Familien so zerrüttet:
Männer und Frauen müssen arbeiten gehen,
aber nicht, um persönliche Erfüllung zu finden,
oder etwas Schönes und Harmonisches zu schaffen,
sondern um ihre Schulden für das Auto, das Haus
und all die Dinge abzutragen,
von denen die Werbung ihnen einredet,
daß es ohne sie nicht geht!
Müdigkeit, Erschöpfung, Streß und Aggression
begleiten die vielen Fahrtstunden
zwischen Arbeitsplatz und Zuhause.
Familien werden aus ihrer gewohnten Umgebung
herausgerissen und entwurzelt,
wenn sie Arbeit suchen
oder eine Stelle mit mehr Geld;
aber der wahre Verlust
zeigt sich in der Qualität der Beziehungen:
Männer und Frauen
können auf ihre gegenseitigen Bedürfnisse nicht eingehen
und erwarten zuviel voneinander.

Der Schrei der Einsamkeit und das Bedürfnis nach Liebe
können leicht Haß hervorrufen
und ein Gefühl von Gefangen-Sein.
Zärtlichkeit schlägt um in Aggression,
dies wiederum führt zu Trennung und Scheidung.
Ist Liebe möglich?
Ist es möglich, einander in Liebe treu zu bleiben?
Oder leben wir in einer chaotischen Welt,
wo Liebe nur noch ein Mythos ist?
Ist Liebe mehr
als das Bestreben, die eigene Leere zu stopfen
und den Mitmenschen zum eigenen Vergnügen
und zur persönlichen Machtausübung zu benutzen?
Die Erfahrung der Trennung ist so schmerzlich,
daß die Ekstase der Liebe im nachhinein
nur noch als Traum oder Einbildung erscheint.

Viele von uns sind in unserer Welt von heute
diesen Weg zerbrochener Beziehungen gegangen.
Es tut weh, die innere Leere zu entdecken,
die Unfähigkeit zu lieben,
Sexualität nicht mehr als Gabe der ganzen Person
in einer verbindlichen Beziehung zu erfahren,
sondern als ich-süchtiges Vergnügen.

Darum sind unsere Großstädte
Orte der Vereinsamung geworden.
Sich in der Menge so allein zu fühlen
ist schrecklich.
Überall wälzen sich Menschenmassen,
aber ich bin ganz allein.
Wer wird mich heute nacht lieben?
Vielleicht eine Zufallsbekanntschaft?
Oder vielleicht sterbe ich wie so viele andere
an der Wüste dieser Einsamkeit.

Ein Kind fühlt sich verletzt,
wenn es spürt, daß Vater und Mutter zu müde,
zu verärgert, zu leer oder zu beschäftigt sind,

um es aufzunehmen,
mit ihm zu spielen,
gemeinsam zu lachen,
sich zu entspannen und zu freuen.
Ein kleines Kind leidet sehr stark
am Streit zwischen den Eltern.
Sein zartes Herz ist zu verwundbar und zerbrechlich –
es braucht Geborgenheit, Schutz,
und phantasievolle Liebe, die aus der Einheit hervorströmt.
Wenn es spürt,
daß die Eltern nicht glücklich sind und sich streiten,
überkommt das Kind eine Unsicherheit,
eine Angst und Einsamkeit,
eine Verzweiflung, die seinen ganzen Körper ergreift.

Heutzutage sind viele Menschen
das Ergebnis des zerrütteten Leibes der Familie:
die Kinder sind unsicher und verletzbar,
sie sind nicht verwurzelt,
können nicht in Frieden heranwachsen,
nicht wissen, was sie wollen
oder auf die innere Stimme ihres Herzens hören.
Heute sind wir Zeugen
einer zerbrechlichen Menschheit,
wie es sie so noch nicht gegeben hat:
vereinsamt, orientierungslos,
ohne Bezugspunkte und Zugehörigkeitsgefühl;
die Menschen fühlen sich leer,
finden aber nichts, womit sie diese Leere füllen könnten.

Ich habe den größten Teil meiner letzten zwanzig Jahre
mit Männern und Frauen verbracht,
die eine geistige Behinderung haben.
Ich habe ihren Schmerz miterlebt und berührt:
den schrecklichen Schmerz,
für die Eltern eine Enttäuschung gewesen zu sein.
Sie fühlen sich schwach und dem Leben,
das sich so schnell um sie herum bewegt, nicht gewachsen.

Das Gefühl, nicht so gewollt zu sein, wie sie sind,
erzeugt Schuldgefühle.
Sie glauben, daß sie ihren Eltern wehgetan haben,
weil sie nicht Grund zur Freude,
sondern eher zu Sorge und Leid waren.
So glauben sie, daß sie wertlos sind, einfach lästig –
vielleicht sogar böse.
Und aus dieser Vereinsamung
steigen Angst und Orientierungslosigkeit hoch,
eine innere Zerbrochenheit
ohne Vertrauen in sich oder andere.
Dies wiederum führt zu Gewalt,
Depression und auffälligem Verhalten,
und so werden sie noch weiter an den Rand gedrängt,
abgeschoben.
Sie spüren, daß sie nirgendwohin
und zu niemandem gehören.

Der Schmerz all derer,
die in den Hauptstrom der Gesellschaft nicht hineinpassen,
ist unendlich groß!
Sie kommen sich unnütz vor, wie ein bleiernes Gewicht.
Ebenso geht es vielen alten Menschen
oder Arbeitslosen,
Gastarbeitern,
zerbrechlichen und schwachen Leuten,
Menschen mit einer Behinderung
oder einer chronischen Krankheit –
gleich, ob körperlicher, geistiger
oder seelischer Natur –
Menschen, die zwanghaft
essen, Alkohol oder Drogen konsumieren.

Es scheint besser zu sein,
in eine Welt der Träume und Illusionen
oder sogar der Verrücktheit zu fliehen,
als mit diesem Schmerz der Vereinsamung
und der Verzweiflung leben zu müssen.
Die Traumwelt ist manchmal um ein Vielfaches besser

als die Wirklichkeit:
Dort spürt man zumindest etwas von Kontrolle
und ein gewisses Maß an Trost.

Aber auch viele Menschen, die nach außen hin
stark und erfolgreich wirken,
können sich zutiefst wertlos vorkommen.
Sie haben Geld, Macht, Bildung,
eine gesellschaftliche Stellung,
aber das Wesentliche fehlt ihnen:
ein freies, liebendes Herz
und die Gewißheit, geliebt zu sein.
Sie scheinen nicht in der Lage zu sein,
Beziehungen aufzubauen,
und fühlen sich innerlich zerbrochen und leer;
sie spüren, daß sie nur bei denen erwünscht sind,
die auf Geld und Macht aus sind.
Auch sie haben das Gefühl, nirgendwo dazuzugehören.
Sie leiden sehr darunter, daß sie nicht lieben können,
abgeschnitten sind
und aus ihrem Panzer nicht heraus können,
um sich in Vertrauen und Treue
auf ihre Mitmenschen einzulassen.

Wer sich vor Beziehungen fürchtet,
versteckt sich oft hinter Träumen oder Theorien
oder sucht Zuflucht in irgendwelchen Ablenkungen
oder deckt sich mit Projekten ein, die ihn beschäftigt halten.
Er geht allen Leuten aus dem Weg,
die aggressiv werden oder ihn herausfordern könnten.
Er hat mit den Menschen Kontakt, die ihm schmeicheln
und die zum selben Verein gehören.

Viele Menschen von heute erleben sich
als sehr mangelhaft
in ihrer Fähigkeit, Beziehungen einzugehen,
zu lieben,
wirklich zuzuhören
und mitzufühlen.

Sie sind irgendwie abgeschnitten
von den inneren Regungen ihres Herzens
und ihrer Gefühlswelt.
Sie haben Angst vor zwischenmenschlichen Beziehungen,
weil dann Gefühle in ihnen aufsteigen,
die sie nicht verstehen,
und Kräfte sich regen,
bei denen sie spüren,
daß sie sie nicht unter Kontrolle haben.
Es ist sicherer, vom kühlen Verstand her zu leben.

Heutzutage ist die Gefahr groß, das Herz zu töten,
und in dieser kalten Welt der Vernunft zu leben,
wo der Mensch kein Mensch mehr ist,
sondern ein Objekt, das es allein vom Verstand her
zu studieren und zu organisieren gilt.
Die Welt der Technologie kann das Menschliche erdrücken.
Die Genforschung
bedeutet: das errechenbare Traumbaby auszuwählen
und nicht: das Kind als ein Geschenk zu empfangen,
das aus der Liebe geboren ist.
Und so laufen heute
Mann und Frau Gefahr,
wie Computer programmiert zu werden.
Sie werden nicht mehr als Menschen betrachtet,
die ein liebesfähiges Herz haben
und sich verschenken können.

Das Leid unserer Welt ist so groß.
Wohin sollen wir uns wenden?
Gibt es wirklich Hoffnung?
Kann es auf die schrecklichen Schreie um uns und in uns
eine Antwort geben?

Heute meinen manche, daß die einzige Antwort darauf
die nationale Sicherheit ist:
noch wirksamere Verteidigung,
noch schärfere Identitätsabgrenzung
und die Abschiebung aller Fremden

und all derer, die stören.
Wer die Welt so betrachtet,
für den ist jegliche Form des Pluralismus gefährlich,
denn dies könnte Verwirrung stiften
und zu Identitätsverlust führen.
Und so werden neue Mauern errichtet,
die das Gefühl verleihen, der Stärkste,
der Beste zu sein.

In solch einer Welt
scheinen vielen die christlichen Kirchen unwichtig,
denn auch sie geben eher Anlaß zu Trennung und Krieg
als zu Einheit und Frieden.
Auf derselben Straße
    die Baptistenkirche,
    die evangelisch-lutherische Kirche,
    die evangelisch-reformierte Kirche,
    die altkatholische Kirche,
    die römisch-katholische Kirche,
    diese oder jene Kirche zu sehen,
    die jede ihren eigenen Jesus verkündet,
        Geld einsammelt,
        noch mehr baut
        und ihre eigenen Grenzen verteidigt –
das erscheint als unerträgliche Scheinheiligkeit!
Worin *liegt* unsere Hoffnung?
Wo sind heute die Propheten des Friedens?

Vielleicht scheinen diese Worte pessimistisch.
Doch, es gibt in unserer heutigen Welt
wirklich Zeichen der Hoffnung;
Menschen erheben sich, glauben ans Leben,
ans menschliche Leben,
sehnen sich danach, Frieden zu schaffen
und setzen sich für Einheit ein.
Aber viele sehen diese Zeichen nicht.
Sie sehen lediglich eine zerbrochene, eine kaputte Welt:
    eine Welt des Krieges und der Verzweiflung,
    eine Welt, die von Angst beherrscht wird,

eine Welt voll Schmerz und Leid,
eine chaotische Welt voll Habgier und Unterdrückung,
voll Lust nach Macht, nach Vergnügen, nach Sicherheit.
Sie sind mutlos und hoffnungslos
und doch steckt in ihnen irgendwo die Sehnsucht,
den Weg zum Frieden zu entdecken.

Wer schwach ist, wird so häufig unterdrückt.
Schwäche wird verabscheut, ausgelacht, zurückgestoßen.
Zugleich ist es leicht,
schwache Menschen zu täuschen, zu manipulieren
und auszunutzen.
Es ist die Geschichte, die schreckliche Geschichte
der Sklaverei.
Aber es ist auch die Geschichte
der Menschen mit einer Behinderung
oder derer, die von einer Krankheit befallen sind.

Viele Menschen scheinen die Schwachen
deshalb zu unterdrücken,
weil sie selbst irgendwann in ihrem Leben
unterdrückt worden sind.
Wer Ungerechtigkeit erfahren hat,
vielleicht in den vergessenen Schichten der Kindheit,
rächt sich oft heimlich am Schwächeren,
an dem, der sich nicht wehren kann.
Die Schwachen und Armen sind oft die Sündenböcke –
niemand tritt für sie ein,
und sie sind gezwungen, die Gewalt
der anderen zu akzeptieren.

Aber im Laufe meines jahrelangen Zusammenlebens
mit Menschen,
die unterdrückt oder an den Rand gedrängt wurden,
habe ich etwas Neues entdecken dürfen.
Sie haben mich behutsam
ins Innerste meines eigenen Herzens geführt,
das seinem Wesen nach mit Licht und Dunkelheit erfüllt ist.
Sie haben mich ins Geheimnis Jesu

und das seiner Botschaft geführt,
ins Geheimnis der Menschheit und ihrer Geschichte.
Sie haben mir das Licht gezeigt,
das in der Finsternis leuchtet.
Sie haben mich immer mehr Einsicht gewinnen lassen
in den sich entfaltenden Plan Gottes für die Menschheit –
einen Plan, den schon die Propheten und Heiligen
seit Jahren verkündet haben,
aber unsere Ohren sind taub.

Von diesem Plan und seinen Anfängen
möchte ich im folgenden erzählen.

Zweiter Teil

Gottes Plan tut sich auf

Der Ursprung unserer Ganzheit

Unser Gott ist ein Gott des Lebens und des Lichtes.
Wenn Gott etwas erschafft,
dann schenkt er Leben und Licht.
Um die Tiefe unserer Zerbrochenheit verstehen zu können,
müssen wir die Ganzheit anschauen,
aus der wir geschaffen sind,
eine Ganzheit, die ihren Ursprung
in der vollkommenen Gemeinschaft mit Gott hat.

Auf einem Portal der Kathedrale in Chartres
befindet sich eine Statue,
die die Schöpfung des Adam darstellt.
Es ist eine wunderbare Statue.
Der Vater wird durch den Leib Christi symbolisiert.
Er hat das Gesicht Christi.
Adam hat das gleiche Gesicht,
nur sieht er jünger aus und trägt keinen Bart.

Diese Statue strahlt tiefe Gelassenheit und Ruhe aus.
Behutsam formt Gott Adam aus dem Lehm.
Adam ruht an der Brust Gottes
so wie Johannes an der Brust Jesu ruhte.
Beide lächeln und sind von tiefer Freude erfüllt,
als ob Gott, der Künstler, zu Adam sagen wollte
„Du bist schön",
und dieser ebenfalls zu Gott sagen wollte „Du bist schön".
Zwischen ihnen besteht Gemeinschaft.

Der künstlerische Mensch
kann wunderschöne Statuen, Gemälde,
Gedichte und Bücher herstellen,
er kann herrliche Musikstücke komponieren und spielen.
Wir können ihre Schönheit auf uns wirken lassen
und erkennen, wie sie uns ewige Wahrheiten erschließen.
Aber keines unserer Erzeugnisse kann uns anschauen
und zu uns sagen:
„Ich liebe dich – du bist schön."

Das Werk von Gottes Hand ist ein lebendiger Mensch,
ein menschliches Herz.
Und dieser Mensch kann Gott ansehen und zu ihm sagen:
„Ich liebe dich; du bist schön."
Dieser Mensch kann sich frei
auf die Beziehung mit Gott einlassen.
Beide können miteinander sprechen.
Sie können ineinander ruhen.
Sie können zusammen feiern.
Der Schöpfer und sein Geschöpf
können ineinander verliebt sein.
Nur Gott allein, die Quelle allen Lebens,
kann dieses große Risiko der Schöpfung eingehen –
denn das Geschöpf kann sowohl „ja" als auch „nein" sagen.

Die Statue in Chartres
stellt die Schöpfung der Frau nicht dar.
Aber Gott wollte nicht, daß der Mann allein bleibe,
und so erschuf er die Frau – gleich und doch anders.
Der Mann konnte Gott weder sehen noch berühren,
obwohl er ihn in der Tiefe seines Wesens hören konnte.
Aber Gott wollte, daß der Mann
seine Liebe ausdrücken konnte
und sich nicht in sich selbst vergraben
oder in Arbeit verlieren würde.
So erschuf er die Frau.

Der Mann konnte die Frau anschauen
und in ihren Augen Gottes Licht sehen.

Die Frau konnte den Mann anschauen
und in seinen Augen Gottes Licht sehen.
Sie konnten miteinander reden und sich gegenseitig sagen:
„Du bist schön, ich liebe dich."
Sie konnten sich zärtlich und liebevoll küssen,
sie konnten sich gegenseitig
in der nackten Schönheit ihrer Körper betrachten
und für die gesamte Schöpfung danken.

In dieser gemeinsamen Einheit waren sie ganz.
Zusammen bildeten sie einen Körper.
Ein Körper sein heißt, miteinander einen Bund leben,
wo der eine auf den anderen angewiesen ist,
wo der eine dem anderen eine besondere Gabe
anzubieten hat
und sie sich gegenseitig ergänzen.
Sie brauchen einander, um Leben zu schenken.
Sie können unabhängig voneinander Holz benutzen,
um ein Haus zu bauen;
sie können unabhängig voneinander *Dinge* erzeugen.
Aber um Leben zu zeugen,
müssen sich Mann und Frau
körperlich und voll Liebe vereinen.

Nur Gott allein, der Künstler allen Lebens,
kann etwas erzeugen, das lebt,
mit dem es sich ins Gespräch kommen läßt.
Aber durch die Fortpflanzung schenkt Gott Mann und Frau
die Macht, Leben weiterzugeben.
Dabei handeln sie nicht als Künstler,
sondern als schlichte Werkzeuge der Natur.
Das Kind, das zur Welt kommt, ist von ihrem Fleisch;
sie können eine Beziehung zu dem Kind aufbauen,
aber sie sind nicht in der Lage, ihr Wunschkind zu erzeugen.
Sie können nur das Kind empfangen,
das ihnen auch geschenkt wird.

Adam liebte Eva; Eva liebte Adam.
Sie waren ein Körper, eine Liebe, ein Geist.

Jeder hatte dem anderen etwas zu geben,
jeder konnte beim anderen trinken.
Zwischen ihnen bestand zärtliche Gemeinschaft,
zärtliche Leidenschaft.
Und diese Gemeinschaft stieg wie Weihrauch vor Gott auf.
Ihre Liebe, ihre gegenseitige Hin-Gabe, ihre Einheit
waren ein Fest, eine Danksagung, ein Lobpreis.
Gott jubelte über ihr Ganz-Sein
und die Freude, die sie füreinander empfanden,
die die Herrlichkeit Gottes widerspiegelte.
Und aus der Tiefe ihrer Gemeinschaft mit Gott
und miteinander
kam ihre Bestimmung, Kinder zur Welt zu bringen
und eine Familie zu werden,
die Erde in all ihren Möglichkeiten weiterzuentwickeln
und sie Gott zu weihen.

Aber die Harmonie und die Gemeinschaft
zwischen Adam und Eva
und der gesamten Schöpfung kam zu Bruch.
Denn ihre Harmonie miteinander war gebunden
an die Gemeinschaft mit dem Schöpfer.
Sie war wie Wasser, das aus einer Quelle entspringt
und zwei Teiche füllt,
die dann in einen Strom hinüberquellen.
Wenn die Quelle blockiert ist,
trocknen die Teiche aus und der Strom versiegt.
Wenn die Kraft der Liebe blockiert ist,
kann sie nicht mehr
von einem zum anderen Menschen fließen.

Adam und Eva sagten „nein" zu Gott.
Sie wandten sich ab
und blockten dadurch die Kraft der Liebe ab.
Sie weigerten sich, von der Kraft, die Gott ausströmt,
abhängig zu sein.
Sie waren von dem BÖSEN verführt worden,
der zu ihnen gesagt hatte:

ihr könnt es alleine schaffen,
ihr könnt wie Gott sein,
ihr könnt frei sein,
ihr habt es nicht nötig, wie Kinder zu gehorchen,
ihr könnt erwachsen sein.
Sie wandten sich ab
und waren somit von der Lebensquelle abgeschnitten.
Und da erst entdeckten sie, daß sie leer waren,
nackt, allein und verzweifelt.

Dieses Abgeschnittensein ist die Wurzel
all unserer inneren Konfliktsituationen.
Auf alle erdenkliche Weise versuchen wir,
dieser Wirklichkeit aus dem Weg zu gehen,
die Risse zu verputzen,
Dinge mit Hilfe von Gewalt, Vorschriften
oder Tradition zusammenzuhalten,
oder uns einzudecken
mit Vorhaben und kurzlebigem Vergnügen.

Mann und Frau laufen Gefahr,
sich gegenseitig darauf zu verlassen,
daß der andere ihnen diese Leere füllt.
Aber wenn sie von der Quelle
der unerschöpflichen Liebeskraft Gottes abgeschnitten sind,
scheitern sie
und sind dann frustriert,
weil ihre Erwartungen und Bedürfnisse unerfüllt bleiben,
oder weil sie Ansprüche aneinander stellen,
die rein menschlich gesehen
unmöglich und unvernünftig sind.

Wenn die Gemeinschaft mit Gott zerbrochen ist,
dann ist volle Gemeinschaft mit dem anderen
nicht mehr möglich.
Sie können sich beide kein Wasser mehr geben,
weil der Brunnen auf dem Grunde ihres Wesens
versiegt ist.

Sie können kein Leben mehr schenken,
da in ihnen etwas gestorben ist.
Der Mann wird dazu neigen, die Frau zu beherrschen,
und die Frau wird in ihren Kindern
Ersatzbefriedigung suchen.
Ihre Körper mögen weiterhin so funktionieren,
daß sie Ganzheit symbolisieren.
Sie können miteinander verkehren und ein Kind empfangen,
aber das Wesentliche des Ganz-Seins und der Gemeinschaft
ist ihnen verlorengegangen.
Die Harmonie
zwischen Herz, Verstand und Sexualität
ist verschwunden.
Der Schmerz über diesen Verlust wird so tief begraben,
daß er oft nicht erkannt wird.

Die Sehnsucht
nach dem ursprünglichen Ganz-Sein und der Gemeinschaft
und die Erinnerung daran
können zeitweise in jedem von uns wach werden.

Heilige Männer und Frauen
haben zu allen Zeiten und zu allen Orten
aus diesem Bewußtsein gelebt
und uns an diese Wahrheit erinnert,
die die Erfahrung unserer Zerbrochenheit übersteigt.

Aber Zerbrochenheit schafft sich immer mehr Raum
und nimmt ein Eigenleben an,
das dem BÖSEN eine willkommene Gelegenheit bietet,
seine Macht auszuüben.

Und je nach dem Ausmaß dieser Machtausübung
wird der Mann außerstande sein, sich auf eine echte
Gemeinschaft mit der Frau einzulassen.
Er kann die Frau begehren,
er kann sie als Dienstmädchen benutzen,
als Gebärerin seiner Kinder
oder als Gegenstand seiner Begierde,
anstatt sie als Person anzusehen,

die absichtslos geliebt werden möchte.
Wenn er ihren nackten Körper betrachtet,
ist seine Sichtweise durch die Erinnerung
an den verlorenen Traum verzerrt,
den er durch selbstsüchtiges Vergnügen
wieder zurückzugewinnen sucht;
dies kann in Gier ausarten und sogar zum Zwang werden,
was die Fähigkeit zu zärtlicher Gemeinschaft
und zur Selbsthingabe zerstört.

Das gleiche gilt auch für die Frau:
sie mag sich der Einstellung des Mannes
und der Gesellschaft unterordnen, die davon ausgeht,
daß sie sich nicht zu einem freien Menschen entfalten kann.
Sie wird danach aufschreien, berührt zu werden,
doch stammt dieser Aufschrei
eher von ihrem eigenen Hunger und Bedürfnis
als von dem Wunsch, sich selbst zu verschenken.

Die Nacktheit stellt die Wirklichkeit der Leere,
der Angst, der Einsamkeit
und das Gefühl des Todes bloß.
Und aus dieser Erfahrung
erwachsen sowohl Abkapselung,
Flucht vor der Wirklichkeit,
    Flucht vor dem Schmerz des Mitmenschen,
    das Bedürfnis, Dinge zu verheimlichen
    und zu verbergen
    als auch ein wütendes Umsichschlagen
    und das Verlangen, den anderen zu verletzen
    und zu zerstören.

Wenn die Gemeinschaft zwischen Mann und Frau
verlorengegangen ist,
wirkt sich das unweigerlich
auf die Beziehung zu den Kindern aus.
Es kann dazu kommen, daß es den Eltern unmöglich ist,
ihren Kindern eine frei-machende Liebe zu schenken.
Sie werden besitzergreifend und vereinnahmend

und erzeugen in ihren Kindern Schuldgefühle,
wenn diese sich den elterlichen Wünschen nicht anpassen.

Vereinnahmende Liebe erdrückt –
die Kinder können sich nicht entfalten,
das Leben kann nicht fließen.
    Dabei bleibt Wut nicht aus.
    Das Kind hat vor dieser Wut Angst,
    denn es ist von Natur her
    nur an harmonische Verhältnisse gewöhnt.
    Kinder sind gezwungen, diese Wut zu unterdrücken,
    denn sie ist zu gefährlich,
    zu unerträglich, als daß sich damit leben ließe.
Und so lächelt es nach außen hin
und sagt „ja",
aber im Innern liegt diese schreckliche Wut verborgen,
verknüpft mit Schuldgefühlen, die nicht auszuhalten sind.

Die Spirale der Gewalt setzt sich weiter fort.
Wenn es zum Bruch in der Gemeinschaft kommt,
vervielfältigen sich die Konsequenzen und greifen um sich.
Das Kind kann dann anfangen,
seine Wut an den Geschwistern auszulassen.

Es stimmt, daß jede Generation
von der Sünde der Zerbrochenheit heimgesucht wird.
Dieser Erbzustand des Zerbrochen-Seins
macht absichtslose Liebe unmöglich;
der Mangel an absichtsloser und rücksichtsvoller Liebe
erzeugt mehr Wut und Frustration;
dies schafft Schuldgefühle,
die nicht zum Ausdruck kommen können.
So werden die Samenkörner des Hasses, der Rivalität
und möglicherweise der Depression bewässert.

Die Kehrseite von Wut und Haß
ist Angst.
Aus Angst
wurde der Leib der Menschheit
in ethnische Gruppen aufgeteilt,

die jeweils von eigenen Gesetzen, Traditionen
und Gebräuchen beherrscht wurden
und sich bemühten, die strenge Einheit beizubehalten,
die fürs Überleben der Mächte des Todes
und der Zerstörung
notwendig erschienen.
So stellt sich aus unserer Sicht
die tragische Geschichte der Menschheit dar.

Jede einzelne Gruppe
übernahm eigene Kastensysteme und Hierarchien.
Die Rolle von Mann und Frau war festgelegt.
Platz und Pflichten des Sklaven,
des Leibeigenen und des Arbeiters
waren bis ins kleinste geregelt;
gleichzeitig wurden die Privilegien der Grafen und Prinzen
und all derer, die mit Besitz
oder priesterlicher Macht ausgestattet waren,
geschützt.

In solch einer starren Einheit
konnten die Fähigkeiten des einzelnen
leicht erdrückt werden:
jeder mußte sich der Gruppe fügen,
weil dies das Gefühl der Sicherheit erzeugte.
Im Namen von Autorität und der Gesetze,
die sie aufrechterhielten und denen es zu gehorchen galt,
waren persönliche und geistige Entfaltung eingeschränkt.

In einem solchen System
hatte jeder, der die Gesetze und Gebräuche überschritt,
gegen die Gruppe gesündigt.
Er wurde als Zerstörer des Gemeinwohls angesehen,
mußte verbannt
und möglichst in äußere Finsternis abgeschoben werden.

So ist es aber auch heute an vielen Orten
und in vielen Ländern
mit den Schwachen und all denen, die „nichts taugen“,
mit den Menschen, die an einer geistigen

oder körperlichen Behinderung leiden,
die krank, lahm und blind sind
oder an Lepra leiden –
die schon allein durch ihre Existenz irgendwie
die Gesetze und Gebräuche überschreiten.
Sie werden ausgestoßen,
zum Betteln an den Straßenrand und in die Gasse abgeschoben –
wenn ihnen überhaupt das Überleben zugestanden wird.
Sie stellen für die künstliche Sicherheit
eines derart verkrampften Zustandes
eine tiefe Bedrohung dar
und rufen Erinnerungen von Angst und Ohnmacht wach,
die in verborgene Schichten unseres Unterbewußtseins
verdrängt worden waren;
Gefühle, die es um jeden Preis
zu vergessen oder zu verleugnen gilt.

Manchmal herrscht die Meinung,
daß Menschen, die für den Zusammenhalt einer Gruppe
eine Bedrohung darstellen,
von bösen Geistern besessen sind;
oft werden sie als verrückt abgestempelt.
In fast allen Gesellschaftsformen,
gleich ob primitiv oder hochentwickelt,
früher oder heute,
war dieser Prozeß erzwungener Anpassung
durch Ausgliederung jeglicher Abweichung
ein normales Verhaltensmuster.

Nur selten erkannten einige Gesellschaftsformen,
daß „unnormale" Menschen
in gewisser Weise Propheten sind
und auf eine Welt der Wahrheit weisen,
die ihren Erfahrungshorizont des Normalen übersteigt.

Der Plan tut sich auf

Gottes Plan für die Menschheit
begann als winziges Samenkorn.
Dieses Samenkorn hat die Anlage
zur herrlichen Blüte einer riesigen Zeder,
und in diesem winzigen Samenkorn
liegt die Zukunft von Millionen weiterer Samenkörner,
die Gestalt annehmen, wenn der Baum wächst.

Im Samenkorn steckt Leben,
und alles ist wunderbar darin angelegt.
Wenn das Samenkorn aufgeht,
wenn das Kind empfangen ist,
fängt es an zu wachsen,
und allmählich geht uns seine Schönheit auf.
All das, was im Samenkorn verborgen war,
kommt zum Vorschein,
wenn es aufgeht.

Die Fülle des Planes Gottes
ist ein unergründliches Geheimnis,
das nur Gott allein ganz kennt.
Aber jeder Mensch
in der langen, unendlich langen Generationslinie
kann zur Entfaltung des Planes
ein freies „Ja" oder „Nein" sagen –
ein sehr kleines „Ja" oder „Nein" –
aber aus freien Stücken.

Der Armut unseres menschlichen Verstandes
scheint die Möglichkeit
eines von Gott erdachten Schicksals einerseits
und die Vorstellung von Freiheit andererseits
unvereinbar.
Und doch stimmt das nicht.
Denn die Weisheit Gottes
und seine Achtung vor jedem Menschen sind so groß,
daß ein Schicksal höchster Erfüllung

und persönlicher Freiheit
fein miteinander vermählt sind,
    und aus dieser Einheit
    strömt die Herrlichkeit Gottes und seiner Schöpfung.

Gott kennt das Geheimnis
wie er uns zur Freiheit lieben kann,
und er lädt uns ein, an der schöpferischen Liebe teilzuhaben.

Weil so viele von uns
durch unsere Eltern – oder andere –
eine erstickende, lähmende
oder besitzergreifende Liebe erfahren haben,
fällt es uns schwer, an eine Liebe zu glauben,
die zur Freiheit führt,
und an einen Plan Gottes, der weit über das hinausreicht,
was wir vom Wunder
und der Schönheit der Schöpfung kennen.

Denn obwohl die Gemeinschaft zwischen Mann und Frau
und ihrem Gott zerrüttet war,
war noch nicht alles verloren.

Wir können immer noch
den Leib Gottes
in der herrlichen Harmonie der Schöpfung wahrnehmen,
wo durch das Sichtbare die unsichtbare Hand,
das Herz und der Geist des Schöpfers
zum Vorschein kommt.

Die Harmonie, die im Weltall herrscht,
spiegelt die Weisheit und Herrlichkeit
des Göttlichen wider:
    Sonne und Mond,
    die ungeheure Anzahl der Sterne und Milchstraßen,
    die in Millionen Lichtjahren gemessen werden,
    die geordnete Bewegung der Planeten,
    gewaltige Harmonien von Kraftfeldern.

Und unsere Erde,
unsere schöne, warme Erde,
die ihr Wasser von den Wolken bekommt.
Und das Wasser,
das der Erde entspringt und hervorsprudelt,
das Wasser aus den Meeren,
das lebensspendende Wasser
für den Garten, den herrlichen Garten
mit seinen abertausenden Bäumen,
Blumen und Früchten,
seinen zwitschernden Vögeln,
Tieren aller Art
und winzigen Insekten;
alles ist auf wunderbarste Weise zu einem ganzen Leib
innig miteinander verbunden.
Unsere Erde bringt Nahrung und Wein hervor,
um das Schönste in der Schöpfung zu stärken –
Mann und Frau,
die einander geschenkt sind,
um dieses leibliche Eins-Sein zu feiern.
Ihre Einheit
wird zum Tanz auf der Erde;
ihre innige Gemeinschaft
wird zum Lob- und Liebeslied,
das wie Weihrauch
vor Gott aufsteigt
und einfließt in die Dreieinigkeit.

Und alles Leben
birgt in sich
neues Leben;
Blumen und Tiere,
Vögel und Fische
geben ineinander verschlungen
von Generation zu Generation
Leben weiter;
Männchen und Weibchen
verlieben sich ineinander

und bringen Frucht,
viel Frucht –
die unfaßbar schöpferische Kraft Gottes.

Ja, das innerste Lied der ganzen Schöpfung
spiegelt die Einheit der Dreifaltigkeit wider:
drei Personen, die sich aus Liebe füreinander verschenken.

Die großen Wissenschaftler von heute,
die auf den Schultern
der großen Wissenschaftler von gestern stehen,
haben das Geheimnis unseres Weltalls
noch kaum entschlüsseln können;
unser Einblick in das Geheimnis der Natur,
des Lichtes und des Lebens
stellt nur einen winzigen Bruchteil dar
von der unglaublich schöpferischen,
wunderbaren Intelligenz
und Herrlichkeit Gottes,
und von der Feinheit,
mit der alle Lebensprozesse ineinander verwoben sind.

Physiker entdecken inzwischen,
daß selbst die winzigsten Elementarteilchen,
die Tausende von Kilometern auseinanderliegen,
aufeinander reagieren
und miteinander in Verbindung stehen.

Ökologen machen die Entdeckung,
daß die Natur so sehr in sich abgestimmt ist,
daß das winzigste Insekt seine Bedeutung für das Ganze hat,
und daß es ungeheure Folgen mit sich bringt,
wenn auch nur eine Art zerstört wird oder ausstirbt.

Und doch stimmt es,
daß unser Erdball heute geprägt ist
durch Menschen, die sich bekämpfen,
die Umwelt verschmutzen und sie ausbeuten.
Wir haben sowohl uns selbst
als auch den Garten verletzt,

der uns zur Stärkung und Freude gereichen sollte.
Die meisten von uns haben den Kontakt zueinander
und zur Erde unseres eigenen Körpers verloren;
wir lassen uns von Produktion,
Sicherheit und Wohlstand beschlagnahmen,
wir stellen Waffen her
und errichten Grenzen.
Welch ein Mißverhältnis besteht doch da zwischen
dem freudigen Flügelschlag der Vögel einerseits
und der Angst in Männern und Frauen andererseits,
zwischen der Freiheit der Delphine, die im Meer spielen,
und Männern und Frauen, die zu Sklaven
ihres Wohlstandes und Vergnügens werden.

Und doch hatte Gott einen wunderbaren Plan,
um die brennende Liebe der Dreieinigkeit
erfahrbar zu machen,
um Männer und Frauen
zu einer noch volleren Einheit und Herrlichkeit zu führen.

Im Mittelpunkt dieses Planes
stand Gottes Verlangen, Fleisch anzunehmen,
    unsere menschliche Beschaffenheit,
    unsere menschliche Natur,
    so daß unser Schöpfer
    berührt, gehört und geliebt
    und unsere Zerbrochenheit
    zu einem neuen Ganz-Sein geführt und geheilt würde,
    damit wir wieder
    ein vollkommener Leib werden könnten.

Die Verwirklichung dieses Plans
sah eine Frau vor,
die die Mutter des fleischgewordenen WORTES würde,
das Zeichen des Ewigen Vaters,
eine Mutter, in deren menschlichem Schoß,
geschaffen aus dem Erdinnern,
das WORT Fleisch annehmen würde.

Er wäre der neue Adam,
der über die neue Eva jubelt –
Jesus,
der über die Frau Maria jubelt.
Und sie würden vielen
den Vater näherbringen,
den Kern der Dreieinigkeit, der in Ekstase entbrannt ist,
und sie zum Hochzeitsmahl führen.

Gott würde so den brutalen Schaden wieder reparieren,
den der erste Adam und die erste Eva angerichtet hatten,
als sie sich von der Gemeinschaft abwandten,
auf Autorität und Macht aus waren
und nicht mehr von der Quelle abhängig sein wollten.
Gottes Plan besteht darin,
den geschädigten Leib wieder zu heilen und ganz zu machen
und ihn zu neuer und vollendeterer Schönheit hinzuführen,
zu einer neuen und noch tieferen Fruchtbarkeit.

Die unsichtbare Hand Gottes
hat unsere menschliche Natur so kunstgerecht geschaffen,
daß selbst in unserer Zerbrochenheit
das Samenkorn angelegt ist,
das uns zur Ganzheit zurückführt.
Gerade die uns innewohnende Angst
treibt Männer und Frauen zusammen.
Es stimmt, daß dieses Zusammensein nicht mehr
aus der Einheit, der Liebe und der persönlichen Freiheit
erwachsen ist,
sondern von dem Bedürfnis
nach gemeinsamer Sicherheit
gegen die Gewalten des Todes herrührt.

Aus Adams und Evas Leere
steigt ein Schrei auf, ein Verlangen, ein Durst,
der gestillt werden möchte.
Die unaufhörliche Suche von Mann und Frau,
diesen Durst gestillt zu bekommen,
drängt sie vorwärts, hinein ins Ungewisse.

Aber die eigene Qual ist zu groß,
der Bruch im Kern der Menschheit
zu schmerzlich.
An sich ist dieser Bruch buchstäblich unerträglich,
und ohne das ihn übersteigende Wissen,
ohne die ihn erlösende Liebe läßt er sich nicht angehen.

Nur Jesus, weil er das WORT ist,
aus dem wir geschaffen sind,
konnte bis zu diesem Punkt äußerster Leere und Trennung
vordringen:
der zerrütteten Gemeinschaft mit Gott.

Gott wachte über die Menschheit,
als sie auf der Erde wuchs.
Durch die geschichtliche Entwicklung hindurch
bereitete Gott die Zukunft vor.
In Zeiten großer Finsternis und großen Leidens,
oder wenn die zerstörerischen Mächte zunahmen,
erhoben sich
heilige Männer und Frauen,
Propheten und Philosophen der Wahrheit.
Häufig handelte es sich hierbei
um Heiler des Geistes und des Leibes,
um weise Männer und Frauen,
die die Menschen zu gerechtem Leben aufriefen.
Was sie von Gott wußten,
stammte oft aus Träumen und Visionen,
und zu verschiedenen Zeiten in der Geschichte
legten sie einzelne Aspekte
des allumfassenden Weges zur Heiligkeit dar.
Dieser Weg wurde durch bestimmte Gesetze
und Traditionen verkörpert,
und so entwickelte sich die Menschheit weiter.

Aber es traten auch falsche Propheten auf,
von bösen Geistern beseelt,
die das Werk der Einheit und Heiligkeit auflösen wollten.

Die Mauern der Angst
zwischen den einzelnen Volksgruppen
wurden immer größer und stärker.
Innerhalb der einzelnen Gruppe herrschte strengste Einheit,
und es bestand ein Verhaltenskodex,
der von allen akzeptiert wurde;
aber dadurch wurden die Unterschiede
zwischen den Gruppen nur noch mehr verstärkt –
Unterschiede, die Verachtung
und Gefühle der Feindseligkeit schürten.
Der Leib einer jeden Gruppe war verhältnismäßig stabil,
aber er konnte nicht heil sein,
weil der einzelne in seiner inneren Freiheit
unterdrückt wurde oder, wenn das nicht möglich war,
aus der Gruppe ausgestoßen wurde.
So fiel der Leib der Menschheit
immer mehr auseinander,
und es kam zur Entwicklung
unterschiedlicher Sprachen und Gebräuche,
unterschiedlicher Philosophien und Religionen.
Wenn eine Gruppe sich besser, weiser und heiliger vorkam
als eine andere, dann versuchte sie diese zu überwältigen,
manchmal durch Krieg
und Völkermord,
manchmal durch eine eher versteckte Unterdrückung
wie soziale oder wirtschaftliche Ausbeutung.
Wut und Haß schwelten weiter,
und ab und zu kamen sie zur Explosion.
Es entstanden Großmächte,
die die Welt beherrschen und versklaven wollten,
und dies manchmal
im Namen der Wiederherstellung
des zerbrochenen Leibes der Menschheit
und dem Versprechen von Frieden durch Gewalt.

In und durch eines dieser Völker
wollte Gott Fleisch annehmen,
einer von uns werden,

berührt, gehört, gesehen, geliebt
und sogar gehaßt werden.
Es war notwendig,
in diesen kleinen Teil unserer Welt hineinzukommen,
um den ganzen Leib der Menschheit
zur wirklichen Einheit zu führen.
Nur ein Leib,
der die gesamte Erfahrung der Menschheit umfassen konnte,
war auch imstande, Himmel und Erde
miteinander zu versöhnen.
Ein WORT, das kein Fleisch annahm,
sei es auch noch so wahr und heilig,
hätte nicht die Kraft zum Aushalten gehabt.

So erwählte Gott den Abraham
und verhieß ihm so viele Nachkommen,
wie es Sterne am Himmel gab.
Seine Frau Sara gebar ihm in ihrem vorgerückten Alter
den Isaak.
Isaak und Rebekka brachten Jakob zur Welt,
und so entstand das jüdische Volk.

Aber Abraham hatte mit seiner Dienerin Hagar
noch einen Sohn: Ismael.
Der Engel des Herrn sagte zu Hagar:
„Deine Nachkommen will ich so zahlreich machen,
daß man sie nicht zählen kann."
So entstanden die arabischen Völker,
und auch sie waren vorgesehen
in Gottes Plan.

Über die Jahrhunderte seiner Treue und Untreue hinweg
wachte Gott über das jüdische Volk.
Er sandte ihnen Propheten,
Moses, Jesaja, Jeremia, Ezechiel
und viele andere, um im Volk Hoffnung
und Treue zu stärken
und sie an die Liebe zu erinnern,
aus der sie geboren

und durch die sie getragen und beschützt waren.
Gott kündigte an, daß aus diesem Volk
ein Retter, ein Messias,
der Gesalbte,
der Heilige hervorgehen würde.

Als dann die Zeit reif war,
erwählte Gott eine junge, jüdische Frau,
Maria, die Verlobte Josefs,
und ließ sie durch die Botschaft des Engels wissen,
daß sie die Mutter Christi würde.

„Sei gegrüßt,
du Begnadete,
der Herr ist mit dir.
Fürchte dich nicht, Maria;
denn du hast bei Gott Gnade gefunden.
Du wirst ein Kind empfangen,
einen Sohn wirst du gebären:
dem sollst du den Namen Jesus geben.
Er wird groß sein
und Sohn des Höchsten genannt werden.
Gott, der Herr, wird ihm den Thron
seines Vaters David geben,
und seine Herrschaft wird kein Ende haben.
Der Heilige Geist wird über dich kommen
und die Kraft des Höchsten
wird dich überschatten.
Deshalb wird auch das Kind
heilig
und Sohn Gottes
genannt werden."

Und der Name Jesus bedeutet

Gott rettet,
Gott heilt,
Gott macht ganz.

Jesus

Das WORT ist Fleisch geworden
und sein Name ist JESUS.
Er kam als winziges Kind
im Schoß einer Frau zur Welt.
Er war angetan mit der Verwundbarkeit eines Kindes,
das seine Mutter braucht
und nach Schutz und Hilfe schreit.
Die einzig wahre Geborgenheit eines kleinen Kindes
ist die Liebe der Mutter;
ohne sie ist das Leben des Kindes in Gefahr,
von einer schrecklichen Angst,
der Angst vor dem Tod,
überrollt zu werden;
dadurch wird die Entfaltung der Gefühlswelt,
des Verstandes und des Geistes blockiert.
Der ALL-MÄCHTIGE ist ein ohn-mächtiges Kind geworden,
das vollkommen auf die Beziehung mit einer Frau,
auf eine Beziehung der Liebe, angewiesen war.

Bei seiner Geburt
waren die Arme Marias
und die Gegenwart Josefs die einzige Geborgenheit für Jesus.
Er wurde ein Flüchtlingskind,
als die Familie nach Ägypten floh
und Gefahren und Unsicherheiten ausgesetzt war.
Und nach ihrer Rückkehr
ließen sie sich im Dorf Nazareth in Galiläa nieder:
einem Arme-Leute-Dorf,
auf das andere abfällig hinabschauten,
in dem die Menschen in Berghöhlen wohnten.
Und dort lebte Jesus dreißig Jahre lang
einfach und anspruchslos.
Er arbeitete mit seinen Händen
als Sohn des Zimmermanns Joseph.
Aus dieser Zeit ist uns nur bekannt,
daß Jesus nicht öffentlich auftrat.

Das fleischgewordene WORT
lebte das einfache, schlichte Leben einer armen Familie.
Er lebte die Seligpreisungen,
bevor er sie anderen verkündete.

Dann predigte er drei kurze Jahre lang.
Er war gekommen,
um den Armen die gute Nachricht zu verkünden,
den Blinden das Augenlicht zu schenken
und den Gefangenen und Unterdrückten die Freiheit.
Das war die Botschaft,
die er zu Beginn seines öffentlichen Wirkens weitergab,
als er das arme Dorf Nazareth verließ.
Er verließ seine Mutter
und seine Arbeit,
um diese Botschaft zu verbreiten.

Seine Lehre ist einfach
und ist zusammengefaßt in dem,
was er das neue Gebot nannte:
„Liebet einander, wie ich euch geliebt habe."
Liebet eure Feinde.
Liebt die Menschen, die euch hassen und verfolgen.
Liebt die Menschen, die verbannt sind
und aus ihrer Gruppe ausgeschlossen,
weil sie „nichts bringen", unproduktiv sind:
die Blinden, die Lahmen, die Kranken,
die Armen und die Aussätzigen.
Liebe nicht nur deine eigenen Stammesangehörigen,
deine eigene Schicht,
deine eigene Familie oder deine eigenen Landsleute,
sondern auch die, die anders sind,
die dir fremd sind,
die deiner Art fremd sind,
die von einer anderen
kulturellen und religiösen Tradition her kommen
und dir merkwürdig erscheinen,
die du nicht verstehst.

Liebe so wie der Samariter den Mann liebte,
den er von Räubern zusammengeschlagen
irgendwo auf der Straße
zwischen Jerusalem und Jericho fand.

Lieben heißt den Mitmenschen unser Herz öffnen,
ihnen zuhören,
sie schätzen
und ihren eigenen, unverwechselbaren Wert sehen
und zutiefst wünschen,
daß sie leben und sich entfalten können.
Lieben heißt unser Leben füreinander hin-geben.
Einander ver-geben
und füreinander Mit-Gefühl empfinden.

Auf uns allein angewiesen, können wir so nicht lieben.
Jesus ist zu uns gekommen,
um uns die Mechanismen der Angst zu nehmen,
die uns verschlossen machen,
wenn wir versuchen, unsere Verwundbarkeit
und innere Einsamkeit zu überdecken.
Er möchte nur, daß wir ihm nachfolgen,
ihm unser Herz auftun,
eine persönliche Beziehung mit ihm eingehen,
auf ihn vertrauen
und an ihn glauben
– als an den vom Vater Gesandten,
der uns diese Liebe schenken möchte,
die aus dem Herzen des Vaters strömt;
– als an den vom Vater Gesandten,
der uns zu Kindern des Vaters machen möchte,
zu geliebten Kindern, die dazu berufen sind,
in die Herrlichkeit und Liebe der Dreieinigkeit einzugehen;
– als an den vom Vater Gesandten,
der die Sünden und die Gewalttätigkeit dieser Welt
und jegliche Form von Angst und Schuld
hinwegnehmen möchte;
durch dessen Leib
unser Leib wieder heil wird;

– der uns mit seinem Geist erfüllen wird,
wenn wir bereit sind, uns vom Geist der Hab-Sucht,
der Rivalität und der Ich-Sucht loszusagen.

Jesus zeigt uns, wie wir leben sollen,
und gibt uns die Seligpreisungen als Wegweiser:
Selig, die arm sind vor Gott,
die gewaltlos und bescheiden sind,
die weinen und trauern,
die hungern und dürsten nach Gottes Wegen,
die barmherzig sind,
die ein reines Herz haben,
die Frieden schaffen,
die verfolgt werden.

Er sagt, daß wir nicht bei jeder Versammlung
den Ehrenplatz einnehmen
und nicht auf Macht aus sein sollen,
selbst wenn es darum geht, Gutes zu tun,
sondern daß wir den letzten Platz suchen,
bescheiden und den Armen wie all denen nahe sein sollen,
die am Boden zerstört sind und viel Leid erfahren.
Denn wir werden in ihnen
das Geheimnis und den Urgrund der Liebe entdecken.
Er sagt uns außerdem,
daß wir nur dann ins Reich Gottes kommen,
wenn wir wie die Kinder werden.
Es gibt keinen anderen Weg,
denn das Geheimnis des Reiches Gottes
ist den Mächtigen, den Weisen und den Klugen,
die in ihrer Selbstzufriedenheit eingesperrt sind,
verschlossen,
den Unmündigen aber ist es geoffenbart worden.

Jesus ist kein gewöhnlicher Prophet oder heiliger Mann.
Er ist nicht nur gekommen,
um uns den richtigen Lebensweg zu weisen,
damit Friede in unsere Herzen
und auf der ganzen Welt einkehren kann.

Er wollte nicht nur eine Botschaft der Hoffnung bringen
und uns ermutigen, seiner Lehre nachzufolgen.
Nein, er ist mehr als ein Prophet und ein Lehrer:
Er selbst *ist* die Botschaft.
Seine Person, seine Liebe, sein Herz
sind in Wirklichkeit die Botschaft.
Sicher sind seine Worte wichtig –
aber noch ausschlaggebender ist seine Person, sein Leib.
Die Vollkommenheit der göttlichen Kraft
ging von seinem Leib aus, nicht nur von seinem Geist.
Sein Leib
wurde zum vollkommenen Kanal für den Wandel:
die totale Durchlässigkeit
für die Kraft und die Liebe des Vaters.

Deshalb rief er im Tempel aus:
„Wer Durst hat, der komme zu mir und trinke!"
„Kommet zu mir alle, die ihr mühselig
und beladen seid,
und ich werde euch Ruhe verschaffen."
„Wer meinen Leib ißt und mein Blut trinkt
hat das ewige Leben,
und ich werde ihn am Letzten Tag auferwecken."
„Wer mich sieht, sieht den Vater,
denn der Vater und ich sind eins."
„Wer in mir bleibt, wird reiche Frucht bringen."
„Wer an mich glaubt, wird leben in Ewigkeit."

Jesus ist nicht nur der, der den Weg zeigt,
der die Wahrheit verkündet
und Leute ansteckt,
so wie es andere Propheten schon vor ihm getan haben.
Er selbst *ist* der WEG, die WAHRHEIT und das LEBEN.
Er selbst *ist* das LICHT der WELT.
Er selbst *ist* die AUFERSTEHUNG.
Er selbst *ist* der Weinstock, und wir sind die Reben.
Er selbst *ist* die LIEBE.

Er selbst *ist* der neue Tempel, in dem die Gottheit wohnt.
Sein Leib ist dieser Tempel, zu dem alle hinkommen,
um sich auszuruhen und ihren Durst zu stillen,
um Leben und Vergebung zu finden.
Er ist der Retter,
er kommt nicht,
um unsere Sünde zu richten oder zu verurteilen,
sondern um uns vom Joch der Schuld,
dieser ungeheuer belastenden Schuld,
und von der Angst zu befreien –
der Angst vor dem Tod,
vor bösen Geistern,
vor Ablehnung und vor dem Verlassenwerden,
der Angst, etwas falsch zu machen,
im Unrecht zu sein,
vor dem Nichts zu stehen;
der Angst, die dazu führt,
daß wir uns an die künstliche Sicherheit
der Gruppe klammern
und uns weigern, im Ebenbild unseres Gottes
wirklich zu uns selbst zu finden.

Er kommt, um uns zu Kindern des Vaters zu machen
und jeden von uns
die unglaubliche Zärtlichkeit und Hoffnung
des Vaters spüren zu lassen.
Er kommt, um unsere verwundeten Herzen zu heilen,
indem er sich mit jedem von uns
auf eine Beziehung der Liebe einläßt.
Durch diese Beziehung der Liebe,
diese Gemeinschaft,
leitet er uns an,
daß wir uns unseren Mitmenschen gegenüber
in einer liebe-vollen Beziehung öffnen.

Was mich am meisten am Werdegang Jesu berührt,
wenn ich mir die einfachen Tatsachen seines Lebens anschaue,
sind seine Freiheit, seine Wahrhaftigkeit,

sein Mitgefühl und seine ganz besondere Zuwendung
zu den Armen,
den Sündern und den Ausgestoßenen.

Jesus ist Freiheit

Ja, er ist ein freier Mann,
man könnte sogar sagen unverschämt frei:
er ließ sich weder von seiner eigenen Kultur
noch von den Gewohnheiten des jüdischen Volkes
behindern oder versklaven.
Er brauchte sich nicht beliebt zu machen
oder um Stimmen zu werben.
Er hat keine Angst vor dem,
was die Leute von ihm denken könnten.
Er hat scharfe Worte für die Pharisäer
und die Schriftgelehrten,
er nennt sie Heuchler, Schlangenbrut
und vergleicht sie mit getünchten Gräbern,
die zwar nach außen schön aussehen,
aber innen voll von Totengebein
und allem möglichen Unrat sind.

Er richtet harte Worte an die Reichen:
„Weh euch, die ihr reich seid;
weh euch, die ihr jetzt satt seid;
weh euch, die ihr jetzt lacht;
weh euch, wenn euch alle Menschen
Gutes nachsagen."
„Eher geht ein Kamel durch ein Nadelöhr,
als daß ein Reicher in das Reich Gottes gelangt."

Frei und unbefangen
wendet er sich an die verachtete Samariterin
und bittet sie um Wasser.
Frei und unbefangen läßt er zu, daß eine Frau,
ein Opfer der Prostitution,
seine Füße mit ihren Tränen benetzt
und sie mit ihrem Haar trocknet;

es stört ihn nicht,
daß die Leute dadurch schockiert sind.
Frei und unbefangen
begibt er sich unter Sünder und Zöllner,
die den Tempel nicht betreten durften
und in ihrer Schuld eingeschlossen waren.
Frei und unbefangen heilt er am Sabbat,
ohne sich von der Wut der Pharisäer
davon abbringen zu lassen.
Frei und unbefangen hört er den Ruf
des römischen Hauptmanns, des Feindes,
und geht mit Liebe darauf ein.
Frei und unbefangen lädt er sich selbst bei Zachäus ein,
dem reichen, aber abgelehnten Zöllner,
und schenkt dem Raunen der Rechtschaffenen
keine Beachtung.
Frei und unbefangen berührt er die Aussätzigen,
mischt sich unter die Randexistenzen der Gesellschaft,
dem ungeschlachten Pöbel.
Frei und unbefangen verkündet er, daß sein Leib
wirklich eine Speise
und sein Blut wirklich ein Trank ist,
obwohl er weiß, daß sich daraufhin Leute
von ihm abwenden werden,
außerstande, ihm noch weiter zu folgen.
Ja, Jesus ist ein unfaßbar freier und unbefangener Mann,
der sich nicht festnageln, abstempeln
oder in eine Schublade stecken läßt.
Er ist an keine bestimmte Gruppe gebunden,
sei sie politischer oder sozialer,
nationaler oder religiöser Färbung.
Er ist frei, um das Werk seines Vaters zu verrichten
und jedem einzelnen mitzuteilen,
daß er sie alle liebt,
ganz gleich, wer sie oder er ist,
und daß sie ihrerseits jeden Menschen lieb-gewinnen
und jedem Bruder und Schwester werden können.
Seine Freiheit erwächst aus der Freiheit Gottes.

Jesus ist Wahrheit

Jesus kann Scheinheiligkeit und Doppelzüngigkeit
nicht ausstehen.
Er erträgt es nicht,
daß gerade die Leute, die die Gesetze Gottes verkünden,
diejenigen sind, die die Schwachen und Hilflosen
unterdrücken.
Er bekämpft den Vater der Lügen,
den Fürsten dieser Welt,
der die Menschen in einem Zustand der Verwirrung,
der Spaltung und der Finsternis halten möchte.
Er spricht mit Vollmacht,
nicht wie die Pharisäer und die Schriftgelehrten,
deren Lehrmethode so aussah,
daß sie die Meinungen
verschiedener Lehrmeister weitergaben
(immer eine sichere Lehrmethode!).
Er nimmt die Wahrheit für sich in Anspruch
und spricht sie frei aus:
„Wahrlich, ich sage euch."
Er nimmt die Konsequenzen dieser Wahrheit auf sich
und auch die Aggressionen und die Haßgefühle,
die sie in anderen auslöst,
denn Wahrheit ist unbequem
und Verwirrung ist den Leuten lieber.

Jesus ist Mitgefühl

Es scheint, als fühle sich Jesus auf besondere Weise,
fast wie ein Magnet,
von den Menschen angezogen, die leiden,
am Boden zerstört sind oder abgelehnt.
Er kennt menschliche Schwäche und Armut
und weiß, daß die Trennung durch den Tod unerträglich ist.

Um das Herz Jesu
wurden keine Mauern errichtet,
um seine Verwundbarkeit zu beschützen;

sein Herz steht immer offen und liebt ohne Unterlaß,
voller Sehnsucht möchte es sich einlassen auf die Dynamik
von Freundschaft, Beziehung, Liebe und Vertrauen
und sich mit Menschen „füllen" lassen.
Auf diese Weise bleibt Jesus für jegliche Ablehnung
verwundbar.
Sein Herz muß unermeßlich leiden.
Es kannte Angst und Qual so gut,
es war den Tränen der Einsamkeit immer so nahe.
Jesus war in einem Maße mit innerem Leiden vertraut,
wie es keiner von uns je durchgemacht hat
oder verstehen könnte.
Darum versteht er uns so gut.
Darum ist er so mitfühlend.
Darum steht er jedem einzelnen Menschen so nahe.

Er läßt keinen in seiner Trauer und seinem Schmerz allein;
er heilt jeden, indem er Leben schenkt.
Er richtet und verurteilt nicht.
Zur Frau, die beim Ehebruch ertappt wird –
einem Vergehen, wofür man zu Tode
gesteinigt werden konnte –
sagt er lediglich: „Ich verurteile dich nicht;
geh und sündige nicht mehr."

Er möchte, daß jeder Mensch frei von Angst ist
und an Liebe wächst,
vereint mit dem Vater,
dem Urgrund allen Lichtes und aller Liebe.

Er erzählt die Geschichte des Vaters vom verlorenen Sohn,
eines Vaters, der seinen Sohn nicht verurteilt,
sondern ihn in seine Arme schließt und lange umarmt.

Jesus weint offen mit Marta und Maria,
als Lazarus tot ist.
Er zeigt ein so feines Einfühlungsvermögen,
eine solch innige Liebe.
Er weint, wenn wir weinen,
und trauert, wenn wir trauern.

Jesus ist von Mitgefühl ergriffen,
wenn er Menschen mit den unterschiedlichsten Gebrechen
und Krankheiten sieht,
die zu ihm kommen, um geheilt zu werden.
Er ist in seinen Eingeweiden ergriffen
(dieses griechische Wort für Mitgefühl
hat eine ganz körperliche Bedeutung –
es besagt genau eine Bewegung, ein Ergriffensein,
ein Leiden in den Eingeweiden).
Es sieht so aus, als könne er sich von ihnen nicht fernhalten
und es nicht verhindern, daß heilende Kräfte
von ihm ausströmen.

Jesus ist bei den Menschen zu Hause,
die sich abgeschoben und einsam fühlen

Aus seinem Leben geht klar hervor,
daß sich Jesus nicht bei den Intellektuellen
und Machthabern am wohlsten fühlt,
sondern bei den Armen, den Bedürftigen
und den Leidenden,
bei den Kindern,
die seine Jünger von ihm fernhalten wollten.
Mit zunehmendem Wirken
wird deutlich, wie sehr er in seiner Sichtweise
und in seinem Herzen
auf dem privilegierten Platz der Armen besteht:
seine Wahl gilt den Armen und den Sündern,
ihnen gilt seine bevorzugte Liebe:

> „Wenn du ein Essen gibst,
> so lade nicht
> deine reichen Freunde und Verwandten ein,
> sonst laden auch sie dich wieder ein;
> nein, lade lieber die Armen und Lahmen,
> die Kranken und Blinden zum Festmahl ein."
> Er erzählt von dem König,
> der ein Hochzeitsmahl für seinen Sohn gibt.
> Alle geladenen „würdigen" Gäste sagen ab.

„Geht auf die Straßen und Gassen der Stadt“,
sagt er zu seinen Dienern,
„und ladet die Armen, die Lahmen,
die Kranken und die Blinden ein.“
Die nehmen die Einladung natürlich voll Freuden an!

Mit den Armen können die gemeint sein,
die materiell schlecht stehen,
die hungrig, ohne ein Zuhause und arbeitslos sind,
oder jene, die abgeschoben wurden –
die wegen ihrer Gebrechen und Behinderungen,
ihrer scheinbaren Nutzlosigkeit
aufs Abstellgleis geschoben wurden.
Sie sehnen sich nach Annahme und Zuwendung,
nach einem Sinn in ihrem Leben
und einer heilenden Beziehung.
Die Armen sind jene, die in Sünde verstrickt sind,
sich aber danach sehnen, daraus befreit zu werden.
Mit den Armen ist auch jeder von uns gemeint,
wenn wir traurig und allein sind,
uns schuldig und ungeliebt fühlen.
Die Armen kennen ihre eigene Leere.
Sie verstecken sich nicht davor.
Sie sehnen sich nach einem Retter,
der ihre Herzen heilt
und ihnen den Frieden bringt.

Natürlich wird es immer
einige notleidende Menschen geben,
die sich in ihrer Wut und Angst abkapseln;
ihre Herzen sind für Jesus
und sein heilendes Versprechen verschlossen.
Bei seiner Kreuzigung
hatte Jesus einen Dieb zur Linken und einen zur Rechten.
Den einen nennen wir den guten Dieb,
er war der Wahrheit und dem neuen Leben gegenüber
aufgeschlossen;
der andere hingegen war wütend und in sich verschlossen,
und deshalb für nichts empfänglich.

Diese Wahl für die Armen
bedeutet nicht, daß Jesus
einige Menschen mehr liebt als andere,
sondern vielmehr, daß er sich mit denen freut,
die ihm ihr Herz öffnen
und zu ihm aufschreien.
Sie erkennen, wer er wirklich ist:
ein liebender und mitfühlender Mensch,
ein Heiler der Seele.
Sie nehmen ihn und seine Botschaft der Liebe bei sich auf;
sie haben Zeit, ihm zuzuhören und sich über ihn zu freuen.

Die Reichen scheinen oft zuviel zu tun zu haben:
sie meinen, sie hätten alles, was sie brauchen;
sie fühlen sich unabhängig;
sie sind nicht auf ihn angewiesen,
denn oft sind sie mit ihrer eigenen Zerbrochenheit
nicht wirklich in Verbindung,
und ihre Schwerpunkte
liegen selten im Bereich
der zwischenmenschlichen Beziehungen
und tatkräftiger Liebe.
Sie schaffen sich eine künstliche Welt,
die auf Überheblichkeit und äußerem Schein beruht
anstatt auf echter Begegnung.
Sie haben keine Zeit mit Jesus zu verschwenden.
Sie haben etwas Besseres zu tun:
Wohlstand erzeugen und verteidigen, Macht ausüben!
Der Aufruf Jesu nach allumfassender Liebe
stellt für sie eine zu große Bedrohung dar.
Er verbringt so viel Zeit mit den Randexistenzen,
dem Pöbel, dem Abschaum der Gesellschaft;
es fällt den Reichen leicht,
verächtlich auf ihn hinabzuschauen.

Jesus bemüht sich nicht um eine aufsteigende Karriere.
Er möchte in der Gesellschaft nicht herrschen
und den scheinbar besten Platz bekommen,
von dem aus er Macht ausüben kann,

selbst dann nicht, wenn es darum geht, Gutes zu tun.
Nein, er ist im Abstieg begriffen
und kommt so dem Erdboden
und den Menschen immer näher, ganz gleich,
wer und wo sie auch sind.
Jesus möchte lediglich
jedem Menschen
sein Herz, seine heilende und rettende Liebe schenken
und jedem ein Lieb-Haber sein.
Er ist nur *Menschen*-orientiert.
Er kann nicht in einer Welt leben,
die vom äußeren Schein zehrt
und Menschen dazu veranlaßt,
sich hinter Mauern und Rollen zu verstecken.
Jesus geht immer wieder dahin, wo Menschen sind,
und wo sie ihn am nötigsten brauchen.

Die führenden religiösen Männer seiner Zeit
waren äußerst wütend und eifersüchtig auf ihn.
Sie konnten weder seine Vollmacht
noch seine Freiheit akzeptieren,
die die von ihnen vertretenen Gesetze weit überschritten.
Sie konnten ihm nicht zugestehen,
daß er Macht hatte, Sünden zu vergeben.
Sie konnten sich nicht eingestehen,
daß er der Christus war, auf den sie gewartet hatten.
Sie beurteilten ihn nicht nach den Früchten seines Lebens,
sondern nach ihren Theorien und Lehrsätzen,
die so oft von Stolz und Eifersucht durchsetzt waren.
„Er kann nicht Christus sein, weil ..."
So planten sie seinen Tod.

Bei seinem letzten Paschamahl
geht Jesus sogar noch weiter
in seiner Sendung, Menschen zu begegnen, sie zu lieben
und sie zu berühren:
Er gibt etwas Wasser in eine Schüssel
und nimmt ein Handtuch.
Er beugt sich nieder und wäscht

jedem einzelnen Jünger die Füße.
Er wendet sich nicht mehr an ihren Verstand, ihren Kopf,
sondern beugt sich tiefer hinab als sie,
um das Niedrigste und Schmutzigste zu waschen,
was dem Erdboden am nächsten ist:
er wäscht ihre Füße.
Daß diese Geste gerade von ihm,
von dem Meister und Lehrer kommt,
ist unerhört, unbegreiflich!
Petrus reagiert ganz heftig.
Er sei bereit, Jesus die Füße zu waschen,
sein Diener zu sein,
aber er könne nicht akzeptieren,
daß Jesus *seine* Füße wasche –
wie ein gewöhnlicher Sklave!
Jesus sagt ihm daraufhin, daß zwischen ihnen alles aus sei,
wenn er dies nicht annehmen könne.
Ja, Jesus zögert nicht, seine Liebe
in der demütigen Geste der Sorge um jenes Körperteil,
das am meisten verachtet wird, auszudrücken.
Mit wieviel Zärtlichkeit und Vergebung
muß er Judas die Füße gewaschen haben:
der verzeihende und um Verzeihung bittende Jesus –
nicht durch Worte, sondern durch seinen Körper.
Durch seinen Körper macht er deutlich,
daß es nichts auf der Erde gibt, das zu unwürdig wäre,
als daß es sich nicht in das Reich der Liebe
miteinbeziehen ließe,
und daß alles am Heil-Sein,
das sein Körper ausstrahlt, teilhaben dürfe.

Aber so viele wollen ihn loswerden:
die Pharisäer, die Schriftgelehrten und die Ältesten,
die sich durch ihn bedroht fühlen und Angst haben;
die Römer, die sich über diesen dummen,
fanatischen Juden ärgern,
der ihnen die Leute aufrührt;
die Reichen, die ihren Besitz nicht aufgeben

und ihre Bedürfnisse nicht bekennen wollen;
die Zöllner und die Sünder,
die sich in ihrem Lebensstil nicht umstellen wollen;
und Judas, den die Eifersucht verzehrt.

In dem zerbrochenen Leib unserer Welt
gibt es so viele Menschen, die Kapital schlagen
aus der Zerbrochenheit,
die auf Angst und Konflikten beruht:
selbst Feinde verbünden sich,
um den Prozeß der Ganzwerdung und Heilung
zu verhindern
und das verheißene Licht zu zerstören.
In jedem Menschen
steckt ein Teil, der sich vor Heilung fürchtet,
der sich nicht ändern möchte –
eine Zerbrochenheit, mit der man zu leben gelernt hat
und die sicherer erscheint als das, was man nicht kennt.

So tritt Jesus den Übergang an
vom Heiler
zum Verwundeten;
vom mit-leidenden Menschen
zu dem, der auf Mit-leiden angewiesen ist;
von dem Menschen, der ausruft:
„Wer Durst hat, komme zu mir und trinke,"
zu dem, der ausruft:
„Ich habe Durst."
Jesus wird vom Verkünder der frohen Botschaft
an die Armen
selbst zum Armen.
Er überschreitet die Grenzlinie der Menschheit,
die die Satten
von denen trennt, die zerbrochen sind
und vor Not aufschreien.

Mittlerweile ziehen sich die Kräfte der Finsternis
und des Bösen zusammen.
Auf einmal konzentriert sich aller Haß auf Jesus.

Der Unschuldige wird zum Sündenbock,
zur Ursache aller Angst,
zur Quelle aller Gefahren,
zu dem, den es zu zerbrechen und zu vernichten gilt.
Das ist der Augenblick, auf den der Satan
die ganze Zeit gewartet hat.

Jesus tritt seinen qualvollen Leidensweg
voll und aus freiem Willen an.
Im Garten von Getsemani
wird er sich des Leidens der gesamten Menschheit
voll bewußt.
Er leidet sehr an dem Wissen,
daß er von seinem eigenen Volk
verletzt und getötet werden soll –
von denen, die er liebt und die er retten wollte,
wo er sich nichts sehnsüchtiger wünschte, als ihnen Leben
in Fülle zu geben.
Dennoch reagiert er nicht wütend oder haßerfüllt.

Sein Leiden verstärkt sich noch mehr, als er merkt,
daß seine Freunde weder ihn
noch all das, was er ihnen vom Vater geoffenbart hat,
verstanden haben:
sie haben das Vertrauen verloren und ihn im Stich gelassen.
Sein Schweiß ist wie Blut,
aber in seinem Herzen nistet sich keine Verbitterung ein –
er weiß um ihre Verwundbarkeit und Schwachheit.

Sein Leib bebt und zittert vor Qual.
Er selbst hat alle Kraft verloren.
Er betet zum Vater:
„Ich kann nicht mehr –
aber nicht mein Wille, sondern dein Wille geschehe!"

Er wird vor die Hohen Priester und die Ältesten geführt
und verurteilt.
Sie reichen ihn wie einen Spielball
an Pilatus und die Römer weiter.
Was für ein abgekartetes Spiel

die Führer von Staat und Religion treiben,
wenn sie sich gegen die Armen zusammentun!
Dann hört Jesus die Menge schreien:
„Kreuzige ihn" –
diese launenhafte Menge, die noch wenige Tage zuvor
ausgerufen hatte:
„Hosanna, Hosanna dem Sohne Davids, dem König Israels!"

Die Soldaten peitschen ihn mit Riemen,
die mit Metallstücken gespickt sind,
sein Fleisch ist aufgerissen und zerfetzt.
Auf seinen Kopf setzen sie eine Dornenkrone.
Sie lachen ihn aus
und fallen spöttisch vor ihm auf die Knie.
Die Soldaten stehen um ihn herum,
sie verhöhnen ihn und spucken ihn an
und schlagen auf die empfindlichsten Teile seines Leibes ein.
Selbst da steigt in ihm kein Haß auf.

Dann muß er durch die Straßen von Jerusalem stolpern
mit dem schweren Holzkreuz
auf seinen geschundenen Schultern,
die Augen mit Blut verschmiert von seinen Kopfwunden.
Einige lachen;
andere verspotten ihn.
Er fällt hin.
Simon von Zyrene wird aus der Menge herausgerissen,
um ihm zu helfen.
Die Soldaten befürchten lediglich,
daß er es nicht mehr bis zum Hügel schafft
und ihnen schon hier gleich auf der Straße stirbt.

Einige Frauen weinen
während die Jünger, krank vor lauter Schmerz,
Angst und Schuld
in der Menge verstreut sind.
Und so wird sein von Schmerz gepeinigter Leib
aus den Mauern der Stadt Jerusalem herausgeführt.
Ja, er wird außerhalb dieser geliebten Stadt,

der Stadt Davids,
der Stadt Gottes,
aufgehängt und ans Kreuz genagelt.
Höhnisch sagen sie zu ihm:
„Du hast andere gerettet, jetzt rette dich selber!"
Sie lassen ihn zum Spott hochleben
und brechen dann in schallendes Gelächter aus.

Und Jesus schreit auf:
„Ich habe Durst."
„Ich brauche Wasser!"
„Ich brauche Liebe."
„Mein Gott, mein Gott, warum hast du mich verlassen?"

Sein zerbrochener Leib hängt am Kreuzesstamm –
erschlafft,
schmutzig,
blutüberströmt,
von Wunden entstellt;
sein Gesicht qualverzerrt,
ohne Schönheit,
ohne edle Züge,
ein Mann voller Schmerzen.

Und während der ganzen Zeit, die er dort hing,
war die Frau bei ihm.

Maria war da,
sie stand am Fuß des Kreuzes,
ein Zeichen der Hoffnung, der Zuversicht, der Liebe.
Sie hielt stand,
diese stille, mit-leidende Frau,
sie war nicht zerschlagen,
nicht auf der Flucht vor dem Schmerz.

Sie hatte Jesus ganz anders erlebt
als Petrus und die anderen Jünger,
die seine Wunder gesehen hatten
und zu Zeugen seiner Macht und Größe wurden.
Sie waren Jesus wegen seiner Stärke nachgefolgt.

Marias erste Begegnung mit Jesus
fand in der Kleinheit seines Leibes
und in der Kleinheit ihres Leibes statt –
an jenem Tag, da ihr der Engel erschien
und sie der Geist Gottes überschattete,
da sie das WORT Gottes in stiller Ekstase
in ihrem Schoß empfing.
Von dieser Liebe umspült schlief sie in jener Nacht
mit brennendem,
wachem Herzen
und voll Freude:
das WORT hatte in ihrem Leib Fleisch angenommen.
In dem Augenblick
umarmten sich Gott und die Schöpfung:
im Schoß von Maria
wurde ein Hochzeitsfest gefeiert.

Es war angebracht und richtig, daß sie voll der Gnade sei,
überschattet vom Geiste,
um ihr Kind zu lieben, Jesus,
und sich nicht aus eigener Leere
mit einer besitzergreifenden Liebe
an ihn zu klammern,
sondern um ihn
aus ihrer eigenen überströmenden Fülle heraus zu lieben.
Durch diese Gnade konnte sie ihn
in seiner ganzen Kleinheit und Verletzbarkeit
kennen und tragen.
Sie konnte auf seinen Schrei nach Stärkung
und seinen Schrei nach Liebe eingehen,
um sein zartes Herz zu nähren,
das nach Zuwendung,
Gemeinschaft und Beziehung hungerte.

Als er dann wie ein Lamm, das man zum Schlachten führt,
auf den Kalvarienberg gebracht wurde,
war das für sie weder ein Skandal noch eine Blamage.
Sie liebte ihn und konnte ganz bei ihm sein,
als er vor Schmerz und Qual aufschrie.

Sie verstand seinen Schrei: „Ich habe Durst",
„Ich habe Durst nach Liebe".
Aber sie betete nicht für die Heilung oder für ein Wunder,
daß der Schmerz aufhöre
oder daß mit einem Donnerschlag oder einem Blitzstrahl
alles wieder gut
und er wieder vom Kreuz herunter sei
wie ein glorreicher und triumphierender Herrscher!
Sie weinte auch nicht über sich selber,
von der Sorge gequält, wie es morgen weitergehen solle
ohne die Gegenwart ihres Geliebten.

Ohne zu verstehen, war sie doch zuversichtlich,
daß das sein Weg war
und daß dies die Stunde war, für die er gekommen war,
die Stunde, von der er so geheimnisvoll
in Kana gesprochen hatte.
Und in dieser Stunde ist sie bei ihm
und bringt ihm ihr Herz, ihr Wesen, ihren Leib dar,
ihre zärtliche und mitfühlende Liebe,
ihr ganzes Sein;
mit ihrem Leben und ihrer Liebe
bringt sie sich in seinem Opfer mit ihm dem Vater dar
für das Heilwerden unserer zerbrochenen Welt.

Es ist wichtig, dieser gütigen Frau zuzuhören,
die so still und mitfühlend ist,
denn sie allein hat Einlaß gefunden in das Geheimnis
des neuen Sinns des Leidens.

Vom Kreuz herab schaute er sie liebevoll an,
obwohl er vor lauter Blut und Schmerz
kaum mehr sehen konnte,
und er sagte zu ihr: „Frau, siehe, dein Sohn."
Dann sah er den Jünger Johannes an,
der als einziger bei ihr geblieben war,
und er sagte zu ihm: „Siehe, deine Mutter."

In dem Schmerz, der von seinem eigenen Leib ausging,
verband er diese Frau, seine Mutter,
mit Johannes
in einem Bund der Liebe.

Vor seinem Tod
schrie er auf: „Vater,
                vergib ihnen.
                Denn sie wissen nicht, was sie tun!"
In dem Augenblick
verwandelte er die Gewalt der Menschen
in Vergebung und Mit-Leiden.
Er durchbrach die Kette der Gewalt,
des Hasses und der Sünde,
die sich von Generation zu Generation übertragen hatte,
von Adam und Eva bis zum heutigen Tag.

Uns wird wirklich etwas Neues geschenkt:
Gewalt wird wirklich in Vergebung umgewandelt.
Durch seinen Tod
tut sich die Tür zur Liebe wirklich auf.
Er gab seinen Geist auf,
und aus seinem von der Lanze durchbohrten Herzen
strömten Blut und Wasser hervor;
das verheißene lebendige Wasser,
das in der Samariterin fließt,
und in allen, die glauben,
die Quelle von Wasser,
das ins ewige Leben sprudelt;
das Wasser aus dem Tempel,
das Ezechiel geweissagt hatte –
heilendes Wasser,
das neues Leben schenkt
und reiche Frucht bringt.

Aber die da waren,
sahen nur seinen zerbrochenen Leib,
der im Schoß der Frau lag.

Dann wurde sein toter Leib zu Grabe getragen,
und ein gewaltiger Stein wurde vor den Eingang gewälzt.

Er stieg in die Erde hinab.
Er mußte in die Tiefe vordringen
bis zur äußersten Erfahrung des Todes
und gelangte so an den Ort,
der ihn am weitesten von Gott trennte,
so weit, daß es nicht mehr tiefer ging.

Es fiel den Jüngern nicht leicht,
an die Umwandlung zu glauben,
die sich da vollzog.
Sie wußten lediglich, daß der Leib Jesu
zerbrochen und tot war.
Und sie sahen, daß ihre Herzen und ihre Einheit
dabei auch zu Bruch gegangen waren:
    Judas hat sich umgebracht,
    Petrus versteckt sich vor Schande und Gewissensbissen;
    und zwei der Jünger,
        die die Berichte der Frauen,
        daß Jesus lebend gesehen worden sei,
        als offenkundig hysterisch abtun,
    setzen sich von der Gruppe ab
    und machen sich auf den Weg nach Emmaus.
Alle sind vor Verzweiflung zerschlagen.
Ihr herrlicher Traum ist geplatzt.
Alles ist aus.
Vorbei.

Hatten sie nicht für Jesus alles aufgegeben?
Und wie ihre Freunde und Verwandten
sie damals bespöttelt hatten,
weil sie so unrealistisch seien.
Sie hatten um Jesu Willen
Ablehnung und Härten auf sich genommen.
Sie hatten von einem starken Messias geträumt,
    der die Mächte der Unterdrückung überwältigen
    und das neue Reich aufbauen würde,

wo sie einen Sitz in der Regierung einnehmen
und die Macht ausüben könnten.
Sie hatten in den vergangenen drei Jahren
ja schon einen Vorgeschmack bekommen
als sie in sich die Kraft verspürten,
Dämonen auszutreiben und Kranke zu heilen.
Sie hatten Jesus in seiner Stärke erlebt,
wo er erfolgreich die Massen an sich zog,
mit Vollmacht sprach,
große Zeichen vollbrachte
und die Gesetzesfallen der Pharisäer
so geschickt und genial anging,
daß es denen die Sprache verschlug.
Das Reich der Liebe schien greifbar nah.
Krankheit, Tod und Ungerechtigkeit
würden für immer verschwinden!
Und sie sollten Teilhaber an diesem herrlichen Reich sein.
Und jetzt?
Alles, wofür sie ihr Leben hingegeben hatten,
ist eingestürzt.

Alles ist kaputt, ja noch viel grausamer als zuvor –
der Leib Jesu,
ihre Träume,
ihre Herzen,
ihre Macht,
ihr Leib der Einheit;
alles ist kaputt.
Und all diese Zerbrochenheit scheint lediglich
ihren eigenen Kräfteverfall und ihre Verzweiflung
aufzudecken,
den untröstlichen Schrei der Einsamkeit,
das Grauen vor dem Tod und seiner Leere.

Indem sie davor wegliefen,
waren sie vielleicht nur dem mächtigen,
dem erfolgreichen Jesus gefolgt.
In diesem Weglaufen
waren sie vollkommen außerstande gewesen,

ihm zuzuhören,
als er ganz eindeutig
von seinem bevorstehenden Leiden und Tod
gesprochen hatte:
„Der Menschensohn wird viel erleiden
durch die Hohenpriester und die Ältesten
und wird getötet werden."

Petrus hatte ihm Vorhaltungen gemacht:
„Gott behüte, niemals soll dir das zustoßen!"
„Nun übertreibe nicht,
wir werden dich schon verteidigen!"
Es war eine ganz natürliche, gut gemeinte Reaktion.
Aber Jesus hatte ihn angeschaut –
blaß vor Zorn und innerem Schmerz:
„Weiche von mir, Satan!"
Petrus hatte etwas ganz Tiefes in ihm ausgelöst:
„Du bist mir ein Hindernis", sagte Jesus.
„Deine Gedanken sind nicht die Gedanken Gottes,
sondern der Menschen!"

Die Jünger ahnten nicht im geringsten,
daß der Messias anders sein könnte
als ihr Wunschtraum von einem starken, mächtigen König,
der gerecht regieren würde.
Die Vorstellung von einem leidenden Messias,
einem leidenden Knecht, einem Gottesknecht,
wirkte abschreckend auf sie.

Darum konnte Petrus während des Verhörs von Jesus
zu den Dienerinnen sagen:
„Ich kenne diesen Mann nicht."
„ICH KENNE DIESEN MANN NICHT."
Das stimmte!
Er kannte ihn wirklich nicht.
Er kannte den kleinen, verwundbaren Jesus nicht,
der weint und von Schmerzen überwältigt wird,
der Ablehnung und menschliches Leiden durchmacht.

Jesus ist auferstanden

Noch während die Jünger
ganz in Verzweiflung versunken sind,
wird der Leib Jesu auferweckt.
Am dritten Tage
sehen sie ihn
und hören seine Stimme.
Sie berühren ihn und sehen sogar,
wie er vor ihren Augen ißt.
Wie ist das möglich?
Sie trauen ihren Augen und Ohren nicht!
Und doch, er ist es wirklich!
Sie sind verblüfft
und voller Freude,
aber auch voller Schmerz
wegen ihres mangelnden Vertrauens,
ihrer beschämenden Feigheit.
Sie wissen nicht, ob sie singen oder weinen sollen.
Aber Jesus hat nur eine Botschaft für sie:
    „Shalom, Friede."
Sein Blick strahlt Liebe aus
und sein Lächeln Güte,
keine Verurteilung.

Erst am Pfingsttag,
als sie zusammen beten
mit Maria, der Mutter,
und auf die Verheißung warten,
begreifen sie langsam
den vollen Sinn der Zerbrochenheit
    und das Geschenk des zerbrochenen Leibes Jesu;
da erst geht ihnen auf,
warum er ihnen seine Wunden gezeigt hatte –
    seine Wunden, die zwar inzwischen geheilt
    und verheilt waren,
    seinen Leib aber weiter zeichneten,
    seine offenen Wunden, die nun nicht mehr bluteten –

und warum er Thomas aufgefordert hatte, seine Hand in die Seite zu legen, die von der Lanze durchbohrt war.

Vom Geist
mit innerem Feuer und Licht erfüllt
fanden sie endlich
Zugang zum Geheimnis des Lammes.
Sie konnten das geheimnisvolle Lied
des Gottesknechtes verstehen:

„Er hatte keine schöne und edle Gestalt,
so daß wir ihn anschauen mochten.
Er sah nicht so aus, daß wir Gefallen fanden an ihm.
Er wurde verachtet und von den Menschen gemieden,
ein Mann voller Schmerzen, mit Krankheit vertraut.
Wie einer, vor dem man das Gesicht verhüllt,
war er verachtet, wir schätzten ihn nicht.
Aber er hat unsere Krankheit getragen
und unsere Schmerzen auf sich geladen.
Wir meinten, er sei von Gott geschlagen,
von ihm getroffen und gebeugt.
Doch er wurde durchbohrt wegen unserer Verbrechen,
wegen unserer Sünden zermalmt.
Zu unserem Heil lag die Strafe auf ihm,
durch seine Wunden sind wir geheilt."

Durch seine Kleinheit und sein Leiden,
seine Zerbrochenheit und seinen Tod
hatte Jesus sie errettet,
indem er die Sünde, den Tod
und die Macht des Bösen besiegte.
Er hatte nicht dadurch die Gewalt überwunden,
daß er ihr auswich oder sie nicht zur Kenntnis nahm,
sondern indem er sie annahm
und dann in Zärtlichkeit und Vergebung
umwandelte.

Durch seinen zerbrochenen Leib
werden wir, der Leib der Menschheit,
wieder heil,

ganz gleich, wer und wo wir sind,
ob uns Zweifel oder Schande plagen,
Unruhe oder Wut.
Wir werden geheilt
und können in der Ganzheit des Leibes Christi
zusammenkommen.

Er ist in die tiefste Dunkelheit, Einsamkeit,
Ablehnung, Todesqual und Angst vorgedrungen,
um mit den Tiefen der Finsternis,
die in jedem von uns wohnt, in Berührung zu kommen
und uns zum Glauben aufzurufen –
um uns aufzurufen, in dieser Welt der Dunkelheit,
der Einsamkeit, der Ablehnung, der Todesqual
und der Angst unterwegs zu sein –
in der Hoffnung und der Zuversicht auf die Auferstehung.

Der geheime Sinn der Zerbrochenheit tut sich auf

Durch seinen Leidensweg, seinen Tod
und seine Auferstehung
gibt Jesus Leid und Schmerz,
Schwachheit und Verwundbarkeit
in dieser Welt einen neuen Sinn.

Wir werden von der Vorstellung befreit,
daß Leid und Schmerz Strafen sind für unsere bösen Wege
und entdecken, daß sie statt dessen
auf den Weg der Herrlichkeit und Freiheit führen.

Unsere Zerbrochenheit ist die Wunde,
durch die die ganze Kraft Gottes
unser Wesen durchdringen
und uns in ihn verwandeln kann.

Wir müssen vor der Einsamkeit nicht davonlaufen,
sie soll uns vielmehr zu dem Ort werden,
von dem aus wir zu Gott aufschreien,
wo *er uns* findet und *wir ihn.*

Ja, durch unsere Verletzungen
kann die Kraft Gottes uns durchdringen
und zu Strömen lebendigen Wassers werden,
das die dürre Erde in uns tränkt.
Dann können auch wir die dürre Erde
unserer Mitmenschen tränken,
damit Hoffnung und Liebe neu aufkeimen.

Jesus möchte nicht nur, daß wir in ihm leben
und er in uns,
sondern er lädt uns auch ein,
an seiner Erlösungstat teilzuhaben,
mit ihm zu erleben, was Kreuz ist,
und der Welt Leben zu schenken.

Das ist das erstaunliche Geschenk Gottes.
Hierin liegt der letztliche Sinn von Leid,
Schmerz und Zerbrochenheit:
unser Leid, das in der Zerbrochenheit Jesu verborgen ist,
soll zur Quelle der Ganzwerdung für die Kirche,
für die Welt
und für den einzelnen werden –
in und durch den auferstandenen Leib Christi,
in seiner neuen und allumfassenden Ganzheit.

In unserem Leben fühlen wir uns oft
zwischen zwei Polen hin- und hergerissen:
der Ekstase und dem Leiden,
der Herrlichkeit und dem Kreuz:

unsere Herzen leben auf
beim Anblick einer prachtvollen Kathedrale,
beim Klang herrlicher Musik,
bei der Erfahrung von heiliger Stätte
und dem Innewerden von Jahrhunderten,
in denen die Erhabenheit Gottes verherrlicht wurde.

Es tut uns in der Seele weh,
wenn wir vor dem scheinbar sinnlosen Leiden
in der Welt stehen:
Hunger,

Gefangenschaft,
Tod,
Kinder, die im Mutterschoß getötet werden,
Menschen, denen die grundlegendsten Rechte
abgesprochen werden,
andere, die gefoltert
oder aus ihrem Land vertrieben werden
und jene, die menschenunwürdig sterben.
In unserer Verwirrung,
unseren inneren Konflikten oder Zweifeln
wissen auch wir nicht mehr ein noch aus.
Jeder von uns ist dazu berufen,
sowohl Ekstase wie auch Schmerz zu erleben
und keinem von beiden aus dem Weg zu gehen;
wir sollen uns vielmehr auf das Geheimnis einlassen,
wo das Eine ins Andere übergeht,
wo sich Not und Erbarmen umarmen
und die Ganzheit aus der Zerbrochenheit erwächst.

Die Flucht vor dem Leiden
wird niemals zur Freude führen.
Wenn wir uns davor verstecken
und so tun, als gäbe es kein Leid
und vielleicht unsere diesbezüglichen Erinnerungen
in übermäßigem Fernsehkonsum ertränken,
oder wenn wir viel Zeit mit Gedankengebäuden
von einer idealen Welt zubringen,
in der alles Leid ausgeräumt ist,
dann geben wir uns lediglich einer Illusion hin.

Scheue also vor dem Leiden nicht zurück,
sondern laß dich drauf ein
und entdecke dort das Geheimnis
der Gegenwart des auferstandenen Jesus.
Dort, im Sakrament der Armen, ist er verborgen.
Und wende dich von deinem eigenen Leiden nicht ab,
von deiner Angst und deiner Zerbrochenheit,
deiner Einsamkeit und deiner Leere,
indem du vorgibst, stark zu sein.

Geh in dich,
steige tief in dich hinab,
bis du entdeckst,
daß Jesus in dir ist –
wie ein Samenkorn,
das in der aufgebrochenen, gepflügten Erde
deiner eigenen Verwundbarkeit begraben liegt –
jenes Licht, das in der Dunkelheit leuchtet.

Es ist nicht immer leicht, diesem Weg zu folgen.
Es wird Zeiten der Resignation und der Wut geben;
du wirst viele Rückschläge erleben,
Höhen und Tiefen,
Zweifel.
Aber ganz allmählich,
wenn du auf diesem Weg eine gute Begleitung erfährst,
wirst du das Licht in der Finsternis erblicken
und von dem Wasser trinken,
das in dem dürren Boden entspringt.

Maria

Um das Geschenk des Leibes Jesu aufnehmen zu können,
müssen wir uns stärker jener Frau zuwenden,
die ihn empfangen
und zur Welt gebracht hat –
Maria.

Denn niemand hat wie sie
seinen Leib umgeben,
seinen Leib berührt,
seinen Leib geliebt,
seinen Leib gewaschen
und seinen Leib verehrt.
Der Leib Christi
ging aus ihrem Leib hervor,
er war die Frucht ihres Schoßes.

Ihr Leib nährte seinen Leib:
ihre Brüste gaben
ihm Kraft und Nahrung für sein Wachstum;
ihre Berührung schützte ihn
und gab ihm zu verstehen, daß er geliebt war;
ihre Gegenwart ließ ihn vor Freude singen;
das Licht in ihren Augen
ließ das Licht in seinen Augen erstrahlen.
Noch bevor sie von seinen Worten
berührt und geheiligt war,
wurde sie von seinem Leib berührt und geheiligt:
dem Tempel Gottes,
dem heiligen Ort, in dem Gott wohnt.

Und sie liebte seinen Leib,
nicht aus vereinnahmender Liebe,
die aus innerer Leere stammt,
sondern sie liebte ihn aus ihrer Fülle heraus,
einer Fülle der Gnade,
aus der Sehnsucht heraus, daß er sich entfalten möge
und daß ihr Geliebter in allem
den Willen des Vaters erfüllen möge.

Dreißig Jahre lang war sie seinem Leib nahe,
sie nährte ihn
und wurde ihrerseits durch seine Gegenwart genährt,
der wirklichen Gegenwart.
Dreißig Jahre lang wurde sie heilig und heil gemacht
durch den zarten, stillen Leib Jesu,
der das Licht seiner inneren Schönheit,
die Gegenwart des Vaters in ihm,
zu erkennen gab,
den Leib Jesu, der unendliches Gespür besaß
für das Leiden und die Schönheit der gesamten Schöpfung.

Maria liebte diesen zarten Leib ihres Sohnes,
aber ihre Liebe ergoß sich noch stärker über ihn,
als sie den zerbrochenen Leib Christi betrachtete.
Da strömte ihre Liebe aus ihrem Herzen hervor,

das von der Lanze durchbohrt war,
aus ihrer Wunde, ihrer schrecklichen Wunde,
die vor lauter Schmerz aufschrie
    und den zerrissenen Leib Jesu beweinte,
    den bespuckten und gegeißelten Leib,
    den mit Dornen gekrönten
    und durch Schmerz und Blut entstellten Leib;
sie beweinte
    den ans Kreuz genagelten Leib,
    den von der Lanze durchbohrten Leib;
sie beweinte ihr Volk,
das sich selbst verletzte,
indem es Jesus verstieß.
Sie liebte seinen Leib,
als er tot in ihrem Schoß lag;
ganz liebevoll berührte sie diesen verletzten,
zerbrochenen Leib,
ehrfurchtsvoll berührte sie seine Wunden,
sie liebte diesen Leib, wie er ruhig und allein im Grab lag –
und sie flehte um Vergebung für ihr Volk.

Du gütige Frau,
    wurde dein Leib in der Nacht zur Auferstehung
    nicht durch den Leib,
    den auferstandenen Leib dessen geweckt,
    den du liebtest?

Nirgends ist die Rede von der Begegnung zwischen dir
und dem auferstandenen Jesus.
Das bleibt ein Geheimnis in deinem Herzen.
Aber ist er nicht zu dir gekommen,
um dich aus der Benommenheit des Schmerzes
und der Trennung wachzurütteln?
Ist er nicht zu dir gekommen,
um der schrecklichen Zeit des Wartens
auf den dritten Tag ein Ende zu bereiten,
dem Warten in Ungewißheit
aber im Vertrauen
auf die Liebe?

Du gütige Frau, ist dein Leib dann nicht
in sanfter Ekstase erbebt,
als das Feuer der Liebe in dir entbrannt ist,
als sich dir der auferstandene Leib Jesu
zu erkennen gegeben hat – nicht außerhalb von dir,
sondern in deinem Innern?
Du brauchtest ihn nicht zu sehen,
denn dein Herz machte in dir einen Freudensprung.

Wie an jenem Tag, da du den Sohn Gottes empfingst,
da du allein in Nazareth warst
und zum ersten Mal die Ekstase erlebtest,
mit dem Leib Christi
vereint zu sein:
so erbebte dein Leib auch an diesem Tag in Jerusalem
oder dort in der Nähe, vielleicht in Bethanien,
in großer Ekstase,
und dein Fleisch wurde auf neue und tiefe Weise
verwandelt.

Es erstaunt nicht, daß Elisabeth,
nachdem sie Johannes empfangen hatte,
vom Geist bewegt bei der Begrüßung
ausrief:

> „Du bist gebenedeit unter den Frauen,
> und gebenedeit ist die Frucht deines Leibes."

Und du brachst plötzlich in Gesang aus:

> „Meine Seele preist die Größe des Herrn,
> und mein Geist jubelt über Gott meinen Retter.
> Denn auf die Niedrigkeit seiner Magd hat er geschaut.
> Siehe, von nun an preisen mich selig alle Geschlechter.
> Denn der Mächtige hat Großes an mir getan,
> und sein Name ist heilig."

Ja, von da an haben dich alle selig gepriesen
du gütige Frau,
sie haben dich geehrt und geliebt,
und das zu Recht;
führe du uns auf unserem Weg,

damit wir Jesus so wie du
kennen und lieben lernen.

Du stille Frau,
hülle uns in deine Stille
und in die Stille der Dreieinigkeit,
wo Liebe
Gegenwart
Gemeinschaft
und Selbsthingabe bedeutet.

Du mit-leidende Frau,
die du beim zerbrochenen
und nackten Leib Jesu standest,
das Herz zu Tode gequält und zerschlagen,
die Augen voller Tränen,
lehre du uns das Mit-Leiden
für unsere zerbrochene Welt.

Du gütige Frau,
wo heute so viele nach Gurus Ausschau halten,
die sie auf den Weg zu Gott führen sollen,
führe du uns
auf den stillen Wegen Jesu.

Im Leib Christi zur Ganzheit berufen

Durch seinen Tod und seine Auferstehung
wollte Jesus
unsere zerrissene Welt wieder zusammenführen.

Er ist gekommen, um Angst in Vertrauen zu wandeln,
damit die Mauern, die Menschen in Feinde spalten,
verschwinden
und wir uns in einem Bund der Liebe
zusammenschließen können.
„So werden wir vollkommen auf Christus hinwachsen,
der das Haupt ist,
und von dem aus der ganze Leib

zusammengefügt und verknüpft ist,
wo jedes Gelenk seine Kraft beisteuert,
seiner Funktion entsprechend mitwirkt,
und so der gesamte Leib wächst,
bis er sich auferbaut hat in Liebe."

Ja, so sieht Jesus unsere Welt,
wie es der heilige Paulus verkündet hat:
ein Leib –
in dem die Ärmsten und Schwächsten unter uns
die Mitte bilden,
jene geehrt werden, die wir am meisten verachten,
wo jeder Mensch wichtig ist,
weil jeder not-wendig ist.
Sein Leib, zu dem wir alle dazugehören,
durch Liebe verbunden,
vom Geist erfüllt:
Das ist das Reich Gottes.

Darum mußte Jesus diese Welt verlassen.
Er mußte gehen,
damit wir wie Jesus werden
und sein Werk fortsetzen konnten:
den Armen die gute Nachricht verkünden
und den Leib der Menschheit heilen,
der noch so zerbrochen ist;
er mußte gehen,
damit wir seinen Leidensweg in unserem Fleische
vervollständigen,
Männer und Frauen des Friedens werden,
Menschen miteinander versöhnen,
da wir selbst mit dem Vater versöhnt sind;
die Kluft zwischen Arm und Reich überbrücken
und ein Netz der Freundschaft knüpfen,
das auf den Felsen der Liebe gründet;
Oasen der Hoffnung schaffen,
wo heilende Wasser strömen
und Früchte gedeihen.

Heute wie gestern
ruft uns Jesus auf, ihm nachzufolgen
und in seine Spuren zu treten.
Ganz gleich, wo und wer wir auch sind,
was wir auch von uns selber halten –
er ruft dich und mich auf, wie er zu werden:
    Wie er zu leben,
    wie er zu lieben,
    wie er zu sprechen,
    wie er unser Leben darzubringen,
    wie er zu handeln
    und noch Größeres zu vollbringen,
    weil er zum Vater geht.

Aus eigener Kraft ist uns das unmöglich.
Wie können wir wie er leben und lieben?
Außer er läßt uns durch seinen Geist
die geheimnisvolle Gabe und Kraft zukommen,
daß wir sein Gesicht, seine Hände,
sein Herz und sein Leib werden.

Nicht nur du und ich als einzelne, im Alleingang,
sondern mit den anderen im Leib der Gemeinschaft.
Und auch nicht getrennt und abgekapselt in einer Gruppe,
die von sich meint, sie sei die beste,
sie brauche niemanden,
sondern mit den anderen verbunden,
mit anderen Gemeinschaften verbunden,
alle Zellen des einen Leibes, der Kirche,
vereint mit Männern und Frauen auf der ganzen Welt.

Jesus ruft uns auf,
    wie er die Wahrheit auszusprechen,
    mitfühlend zu sein,
    und hinabzusteigen
        mitten hinein in Armut und Leid,
        sowohl ins eigene als auch in das der anderen.
Dort werden wir die Freiheit finden,
die uns geschenkte Schönheit zu schätzen,

die Liebe, die Lieder, das Lachen,
und dann werden wir uns gemeinsam erheben
als Gemeinschaft der Vergebung und der Feier
in dem Bewußtsein, sein Leib zu sein.

Dritter Teil

Die Ganzheit des zerbrochenen Leibes wiederherstellen

Mein Bruder, meine Schwester,
du bist aufgerufen, Jesus nachzufolgen
und in unserer gespaltenen Welt
ein Mann oder eine Frau des Friedens zu werden –
darf ich dir einige hilfreiche Worte der Hoffnung
mit auf den Weg geben?

Schon in jungen Jahren war ich am Kriegsgeschäft beteiligt.
Ich lernte den Umgang mit Waffen
und zerstörerischen Maschinen
und wurde geschult, schnell und effektiv zu sein,
um den Feind zu vernichten, bevor er uns vernichtete.
Aber Jesus rief mich auf, die Sache des Krieges
für die Sache des Friedens zu lassen
und ihm nachzufolgen.

Ich setzte mich zu Füßen eines heiligen Priesters,
empfing die Gabe des Gebets
und hörte auf das Wort Gottes.
Ich studierte Philosophie und Theologie
und lehrte später Philosophie.
Dabei war ich zwar großzügig,
doch war diese Großzügigkeit von meinem Stolz vergiftet,
ich überdeckte damit meine Zerbrochenheit,
meine Schwachheit und meine Sünde;
aber ich war zuversichtlich,
und wenn ich auch manchmal strauchelte,
so war ich doch mit Jesus unterwegs.

Dann führte mich Jesus
zu Männern und Frauen,
die eine geistige Behinderung haben.

Ich war ihnen vorher noch nie begegnet.
Ich war sehr erstaunt von dieser ersten Begegnung.
Ich spürte den Urschrei,
der aus ihrem zerbrochenen Körper, ihrem Herz
und ihrem Geist hervorbrach:
„Liebst du mich?
Bin ich liebenswert?
Habe ich überhaupt einen Wert?
Warum bin ich verlassen worden?"
Bestärkt durch den heiligen Priester
fing ich an, mit zwei Männern zusammenzuleben,
die ich in einer schrecklichen Anstalt angetroffen hatte.
Ihre Eltern waren gestorben, und so waren sie allein
und hatten keinen, der sie zu sich genommen hätte.
Sie waren sehr wütend über das, was ihnen zugestoßen war.
Sie lebten zum Teil in einer Traumwelt,
um diesem inneren Schmerz zu entkommen.
Sie hungerten nach Liebe und Sinn in ihrem Leben.

Wir fingen an, zusammen zu leben.
Manchmal übernahm ich das Kochen.
Das Essen ließ zu wünschen übrig!
Aber wir redeten und lachten miteinander.
Wir ärgerten uns auch übereinander!
Aus meiner Unwissenheit
und mangelnden Erfahrung heraus
machte ich Fehler.
Ich behandelte sie zu sehr wie kleine Kinder,
denen man sagt, was sie zu tun und zu lassen haben,
ich hörte ihnen nicht richtig zu
und respektierte das in ihrem Herzen verborgene Licht
nicht.
Aber ich lernte aus meinen Fehlern.
Und ganz allmählich wurden wir zu Freunden,
und zwischen uns kam Vertrauen auf.
Sie führten mich langsam
in die Welt heilender Beziehungen.

Es kamen andere Leute zum Helfen dazu.
Gemeinsam nahmen wir dann mehr Menschen bei uns auf,
und so wurde die Arche immer größer.
Wir kauften im selben Dorf weitere Häuser auf,
und in anderen Teilen der Welt
entwickelten sich auch Gemeinschaften.
Inzwischen sind wir eine große Familie,
verstreut über viele Länder.
Den Kern unserer Gemeinschaften
bilden die Menschen, die behindert sind.
Obwohl sie manchmal aufgebracht und gewalttätig,
schwach und zerbrochen sind,
habe ich durch sie das Leben und das Lieben gelernt:

> sie haben mir etwas über Schmerz und Leid
> beigebracht,
> sie haben mir etwas über Jesus und die Kirche
> beigebracht,
> und sie bringen mir immer noch bei,
> wie ich Jesus nachfolgen kann.

Dieser Weg steht uns allen offen.
An die einen ergeht der Ruf, alles hinter sich zu lassen
und zum Bettler der Barmherzigkeit zu werden
wie der heilige Franziskus.
Andere lädt Jesus ein, ihre gewohnte Umgebung zu verlassen
und ihr Leben ganz
mit den Armen und Schwachen zu teilen.
Wieder andere sind aufgerufen, einen älteren Nachbarn
oder ein Kind mit einer Behinderung
in ihrem Herzen und in ihrem Zuhause aufzunehmen.
Jesus ruft jeden von uns auf, noch tiefer zu gehen
und genauso mitfühlend zu werden wie er,
ganz gleich, wo
und in welcher Lebenssituation wir uns gerade befinden.

Die Armen und Schwachen
haben mich in das große Geheimnis Jesu eingeweiht.
Wenn du ihm nachfolgen möchtest,
geht es nicht darum, die Leiter des Erfolgs und der Macht

aufzusteigen
und immer wichtiger zu werden.
Im Gegenteil, es geht darum, die Leiter *hinab*zusteigen,
Menschen zu begegnen und mit denen zu gehen,
die gebrochen sind und viel Leid erfahren.
Das Licht ist da, es leuchtet in der Dunkelheit,
in der Dunkelheit ihrer Armut.
Die Armen, mit denen du dein Leben teilen sollst,
sind vielleicht die Kranken und die Alten;
die Arbeitslosen,
junge Leute, die in die Drogenwelt verstrickt sind,
wütende Menschen, denen in der Kindheit
Schreckliches zugefügt wurde,
Menschen mit einer Behinderung
oder die an Aids erkrankt sind,
oder die gerade aus dem Gefängnis kommen;
Menschen in Elendsvierteln oder Gettos,
Menschen aus fernen Ländern,
wo viel Hunger und Leid herrscht;
Menschen, die wegen ihrer Hautfarbe
unterdrückt werden,
Menschen, die in überfüllten Großstädten vereinsamen,
Menschen, die viel Leid erfahren.

Christen haben zu allen Zeiten verkündet,
daß es notwendig ist, den Armen zu dienen,
Dinge in Gang zu setzen, die ihnen helfen,
sich aus ihrem Elend zu erheben.
Aber wir machen in der Arche die Entdeckung,
daß die Armen ein kostbares Geschenk besitzen
und daß wir ihnen mit tiefem Respekt zuhören müssen.
Sie haben eine Gabe für ihre Mitmenschen.
Wir entdecken außerdem,
daß der lebensspendende Jesus in ihnen verborgen ist.
Er ist wirklich da.
Wenn du zum Freund der Armen wirst,
wirst du gleichzeitig zum Freund Jesu.

Wenn du dich auf eine enge Beziehung
mit den Armen einläßt,
läßt du dich auf eine enge Beziehung mit Jesus ein,
und du wirst zum Kern der Seligpreisungen geführt.
Jesus sprach die Wahrheit, als er sagte:

„Was du dem geringsten deiner Brüder getan hast,
das hast du mir getan."
„Wer ein Kind in meinem Namen aufnimmt,
der nimmt mich auf,
und wer mich aufnimmt,
nimmt den auf, der mich gesandt hat."

Und doch scheint es so unmöglich, daß sich der Vater
in dem schmerzgequälten Gesicht eines Kindes zeigt.
Wer ist dieser Gott,
der in dem zerbrochenen Herzen eines Kindes wohnt?

Wenn du mit einem einsamen oder leidenden Menschen
eine Beziehung eingehst,
wirst du noch etwas entdecken:
du selbst wirst dabei geheilt.
Der zerbrochene Mensch
wird dir dein eigenes Verwundet-Sein
und deine Hart-herzigkeit vor Augen führen –
aber er wird dir *auch* zeigen, wie sehr *du* geliebt bist.
So wird der, den du heilen wolltest,
dir selbst zum Heiler.

Wenn du dich auf diese Weise
durch den Schrei der Armen formen läßt
und ihre heilende Freundschaft annimmst,
dann können sie deine Fußspuren
zur Gemeinschaft hin lenken
und dich zu einer neuen Sichtweise der Menschheit führen,
einer neuen Weltordnung,
die nicht durch Macht und Angst beherrscht wird,
sondern in der die Armen und Schwachen
im Mittelpunkt stehen.
Sie werden dich zu dem Reich führen,
von dem Jesus spricht.

Wenn Menschen innerhalb einer Gemeinschaft
miteinander verbindliche Beziehungen knüpfen,
entdecken sie nach und nach, was es heißt,
in einer zerbrochenen Welt Frieden zu stiften.
Sie stoßen dabei vor allem
auf Hoffnung.
Sie sind nicht zu Zerbrochenheit verdammt,
sondern können sich gemeinsam für den Frieden einsetzen.

Dein und mein Leben haben im Herzen Jesu
einen Sinn;
und durch die Kraft des Heiligen Geistes
können wir der Welt Leben spenden,
durch kleine Taten der Liebe
und durch Treue in Beziehungen.

Wir müssen uns heute mehr denn je darum bemühen,
die Kluft zu überbrücken,
die Menschen, Kulturen, Rassen, Religionen, Arm und Reich
voneinander trennt.
Der Konflikt ist ein zu gefährliches Spiel geworden.
Krieg kann nur noch zur völligen Vernichtung führen.
Jesus ruft uns auf, ihm nachzufolgen
und mitzuhelfen, diese Kluft zu überbrücken –
ganz besonders den gähnenden Abgrund der Angst –
und wie er Frieden zu stiften.

Du wirst vielleicht deine Kultur hinter dir lassen,
um mit den Menschen zu leben,
die abgeschoben sind und Not leiden –
dann wird man dich ohne Zweifel
einen „Utopisten" nennen.
Man wird dir nachsagen,
du stündest nicht mit beiden Füßen auf dem Boden.
Es werden sich dir viele Hindernisse in den Weg stellen,
die dich davon abhalten sollen, den Armen zu begegnen
und in ihnen das Geheimnis der Heilung zu entdecken.

Es wird sogar Stimmen innerhalb der Kirche geben,
die sagen, daß du dir einen Weg ausgesucht hast,
der zu radikal, zu schwer, und zu dies oder zu das sei.
Sie werden dir vorschlagen, Theologie zu studieren,
weil sie nicht wissen, daß die Armen
die besten Theologieprofessoren sind,
wenn wir es nur lernen können, ihnen zuzuhören.

Andere wieder werden dir sagen,
daß du ausgelaugt sein wirst;
und sie haben recht –
außer, du stößt tief genug vor,
um das Geschenk dieses Rufs
mit Weisheit anzunehmen.

Heute begegnen uns Spaltungen in verschiedensten Formen.
Fromme Menschen laufen Gefahr,
in behaglichen Gemeinschaften miteinander zu beten
und sich über ihr Seelenleben Sorgen zu machen,
die Armen und Hungernden aber nicht
bei sich aufzunehmen;
anscheinend sind sie sich des Ausmaßes des Leides,
das sie umgibt, nicht bewußt.
Sie scheinen die ihnen geschenkte Kraft des Geistes
und die Fähigkeit, wahren Frieden zu schaffen,
nicht erkennen zu können.

Und dann gibt es jene, die sich für die Armen einsetzen
und sie befreien möchten,
dabei aber die Kraft des Gebets
und die heilende Gegenwart Jesu ganz vergessen haben.
Sie identifizieren sich mit den Armen
und können den begüterten und Mächtigen
haßerfüllt gegenüberstehen,
oder angesichts politischer und ökonomischer Strukturen
von solch einem Haß verzehrt werden,
daß sie sogar bereit wären zu töten.

Können wir diese Kluft nicht überbrücken
und Jesus, den Friedensfürsten, entdecken,
der jeden einzelnen unter uns dazu aufruft,
Frieden zu stiften
und die Menschen mit all ihren Unterschieden
liebevoll zusammenzuführen.

Der Zerbrochenheit mit Respekt begegnen

Wenn Menschen ihre Familie, ihre Kultur
und die ihnen vertrauten Wege verlassen
und wie Abraham dem Ruf Gottes folgen,
in ein fremdes Land aufzubrechen,
werden sie auf Menschen stoßen, die anders sind,
die körperlich
und seelisch zerstört sind;
sie werden Verlust erleiden
und eine Zeit der Trauer durchmachen.
Sie tun sich nicht leicht, ihre Sicherheiten loszulassen
und sich statt dessen auf eine Welt einzulassen,
die so anders ist
und so weh tut.

Ferner besteht die Versuchung,
der Auseinandersetzung mit dieser Welt auszuweichen,
indem wir viel *tun,*
um so unsere Gefühle der Einsamkeit und Unsicherheit
zu überdecken.
Es besteht immer diese Gefahr, sich in die Arbeit zu stürzen,
um sich nützlich, wertvoll und erwünscht vorzukommen.

Es ist wichtig, sich Zeit zu lassen
und nicht gleich auf die Dinge loszustürzen.
Der Kulturschock
macht sich auf unterschiedlichste Weise bemerkbar,
daher müssen auch die Menschen
geduldig und behutsam mit sich umgehen.

Sie müssen immer wieder daran erinnert werden,
daß sie nicht hauptsächlich fürs MACHEN gekommen sind,
sondern um das SEIN zu erlernen,
und daß sie nicht wie ein Ingenieur kommen sollen,
ausgerüstet mit dem Handwerkszeug des Wissens
und der Theorie,
um zu reparieren, was kaputt gegangen ist.

Sie müssen sich auf der Suche
nach einem Geheimnis befinden,
das wie ein Schatz im Acker verborgen ist:
dem Geheimnis der kostbaren Perle;
oder müssen wie ein Kind sein, das im Begriff ist,
ein wunderschönes Geschenk zu bekommen –
    das Geschenk der zwischenmenschlichen Beziehung,
    das Geschenk der Freundschaft,
    das Geschenk des Lichtes, der Liebe und der Weisheit,
    das in den Herzen der Armen und Einsamen,
    der Kranken und Blinden
    und all derer verborgen ist, die verwundbar sind
    und nichts mehr zu verlieren haben.
Sie müssen wie ein staunendes Kind kommen.

Für viele wird der erste Augenblick des Staunens
schmerzlich sein:
sie sind gekommen, um den Armen zu dienen,
    um Gutes zu tun und großzügig zu sein,
    um Jesus nachzufolgen,
    um die Hungernden zu sättigen;
oder sie haben gerade ein Kind
    mit einer Behinderung bei sich aufgenommen –
    und zum Dank erhalten sie einen Schlag ins Gesicht,
    Ablehnung und Wut.

Du brauchst dich nicht zu wundern,
wenn du bei zerbrochenen Menschen auf Ablehnung stößt.
Sie haben viel durchmachen müssen
    unter den Wissenden und Mächtigen –
    den Ärzten, den Psychologen,

den Soziologen, den Sozialarbeitern,
den Politikern, der Polizei und vielen anderen.
Sie haben soviel an gebrochenen Versprechen leiden müssen,
die von Leuten kamen, die durch Versuche an ihnen lernen
oder eine Examensarbeit schreiben wollten;
und wenn sie dann hatten, was sie wollten –
Stimmen, Anerkennung, ein beeindruckendes Buch
oder einen bemerkenswerten Artikel –
gingen sie wieder und kamen kein einziges Mal zurück.

Abgeschobene Menschen haben die Nase voll
von „guten" und „großzügigen" Leuten,
von denen, die sich Christen nennen,
von denen, die sich von ihrem hohen Roß
des Stolzes und der Macht zu ihnen herablassen,
um ihnen Gutes zu tun.
Kein Wunder, daß sie neuen Leuten gegenüber
unnahbar sind.
Sie warten auf jemanden,
dem sie nicht egal sind
und der in ihnen das Licht der Liebe und der Weisheit
wahrnimmt,
der ihre Gaben und ihre Schönheit erkennt;
der sie so annimmt, wie sie sind,
ohne vorgefaßte Meinungen,
wie sie sich zu ändern haben.
Sie warten auf jemanden,
der ihr Bedürfnis nach Änderung akzeptiert,
der bereit ist, den Schmerz dieses Reifungsprozesses
mitzuerleben
und der selbst verwundbar genug ist, um zu lieben
und so die kostbare Perle entdeckt.

Als Jesus der Samariterin begegnet,
spricht er nicht
von oben auf sie herab,
sondern er spricht aus dem Abgrund
seiner eigenen Bedürftigkeit
– aus seinem Durstschrei:

„Gib mir zu trinken."
Sie gehörte zu dem,
was wir heute unter „vierter Welt" verstehen:
Sie hatte mit fünf Männern zusammengelebt
und der Mann, mit dem sie gerade zusammenlebte,
war nicht ihr Ehemann.
Sie war total zugrunde gerichtet:
ihr Selbstbild war zersplittert,
Schuldgefühle quälten sie,
ihr eigenes Volk hatte sie verstoßen,
das seinerseits von anderen Völkern verstoßen war.
Jesus schaut diese Frau an,
die andere verspotten und verachten,
die „dreckige Dirne",
und er sagt zu ihr:
„Du kannst etwas für mich tun,
ich brauche deine Hilfe."

Die Wege Gottes
sehen so aus, daß die Mächtigen vom Thron heruntergeholt
und die Niedrigen erhöht werden;
es wird nicht gerichtet oder verurteilt,
sondern Menschen werden da abgeholt, wo sie sind,
und ihnen wird Leben geschenkt.

Leben schenken
heißt: voller heiligem Staunen
und voller heiliger Verehrung
vor dem Geheimnis des Menschen stehen;
es heißt: in und jenseits aller Zerbrochenheit
die Schönheit sehen.
Lieben heißt nicht, vom eigenen Reichtum etwas abgeben,
sondern lieben heißt,
den Mitmenschen ihre eigenen Reichtümer,
ihre Gaben und ihren Wert aufdecken
und an sie und ihre Entfaltungsmöglichkeiten glauben.

Deshalb ist es wichtig,
behutsam,
ganz behutsam
auf zerbrochene und kleine Menschen zuzugehen,
sich ihnen nicht aufzudrängen,
sondern sie bescheiden und respektvoll
so anzunehmen, wie sie sind.

Die Gesprächsbasis

Wenn du zur Welt der zerbrochenen
und abgekapselten Menschen
Zugang gewinnen möchtest,
dann ist es wichtig, daß du ihre Sprache erlernst.

Eine Sprache erlernen
heißt nicht nur, Englisch, Französisch
oder Spanisch zu lernen.
Es geht vielmehr darum, das verstehen zu lernen,
was der andere wirklich sagt,
mit und ohne Worte.
Die Sprache mit Worten stellt den Einstieg dar
und ist unbedingt notwendig;
aber du mußt tiefer vordringen
und entdecken, was es heißt, dem andern zuzuhören:
ihm und seinem Schrei, der aus dem Herzen strömt,
ganz intensiv zuzuhören,
um Menschen sowohl in ihren Leiden
als auch in ihren Fähigkeiten zu verstehen;
um zu verstehen, wonach sie wirklich verlangen,
damit du ihre Wunde
und ihren Schmerz mittragen kannst
und all das, was daraus erwächst:
    Gewalttätigkeit, Wut oder Depression,
    Selbstsucht und maßloses Anspruchsverhalten;
    der erdrückende Drang nach Besitz
    und die Weigerung, loszulassen;

das will mitfühlend angenommen sein,
ohne richten und verurteilen.

Du mußt in die Tiefe gehen und dem nachspüren,
was es wirklich heißt, den Mitmenschen zu sehen!
 – das Licht zu sehen, das in der Dunkelheit leuchtet,
 – den Samen verborgener Fähigkeiten erkennen
 und diesen Samen zu bewässern
 und sich an seinem Wachstum zu erfreuen.
Vielleicht entdeckst du dabei auch,
was Schenken wirklich heißt:
 dem Mitmenschen die Möglichkeit geben,
 mehr Verantwortung zu übernehmen;
 ihm Hoffnung und Zuversicht geben,
 die Annahme seiner grundlegenden Schönheit
 und die sich auftuenden inneren Schätze begrüßen.
Um dies tun zu können,
mußt du sowohl der wort-losen Körpersprache
als auch der wort-reichen Sprache
zuhören und sie verstehen.
Die erste Sprache des Kindes, die Sprache des Körpers,
sitzt sehr tief.
Wir können vielleicht Schmerz und Qual
in dem verspannten, verzerrten Gesicht
eines Säuglings wahrnehmen,
genauso wie wir ein friedliches Sich-Überlassen erkennen,
wenn sein Gesicht Vertrauen und Licht ausstrahlt.
Es gibt Menschen, die sich nur durch ihren Körper
verständigen können,
nur von dort gehen die wahren Worte aus.
Manchmal hängt das damit zusammen,
daß sie nicht sprechen können;
aber es kann auch sein,
daß sie ihr Vertrauen in Worte verloren haben.
Zu oft haben sie Worte gehört,
die sich hinterher als leere Versprechungen
oder als Lügen herausgestellt haben;

zu oft waren es verurteilende und abfällige Worte,
Worte, die wehgetan haben.

Am Anfang der Kirche,
an jenem herrlichen Pfingsttag,
als der Geist explosionsartig neues Leben verbreitete,
fingen die Jünger an, in verschiedenen Sprachen zu reden,
so daß jeder etwas über Jesus
in seiner eigenen Muttersprache erfahren konnte.
Der Geist spricht nicht nur eine Sprache,
und Christen sollen die ihre anderen Menschen
nicht aufzwängen.
Sprache ist heilig
und aufs engste mit der Kultur verbunden,
    mit der Erde und dem Klima,
    mit der Mutter.
Wenn wir von der „Muttersprache" reden,
so liegt dem eine tiefe Bedeutung zugrunde.

Den ersten Jüngern wurden neue Sprachen geschenkt,
damit sie von vornherein
die Wege Gottes verstehen konnten:
    daß es sein Wille ist,
    daß wir Unterschiede respektieren
    und die Sprache des Mitmenschen erlernen,
    damit wir uns wirklich miteinander
    verständigen können
    und Gemeinschaft miteinander haben.
Leider wird diese neue Sprache
nicht immer durch einen Geistesblitz vermittelt!
Wir müssen sie erlernen
und dafür einiges tun!
Wir müssen die Mitmenschen in ihrer eigenen Kultur
kennen- und respektieren lernen:
    wie sie essen,
    wie sie miteinander umgehen,
    wie was gemacht wird,
    wie sie unterschiedliche Beziehungen leben.

Komm her, höre zu und lerne von ihnen.
Urteile nicht
über andere Menschen und ihre Gewohnheiten;
respektiere sie lieber
und schenke ihnen deine Zuneigung.
Öffne ihnen dein Herz.

Wenn du dich ihnen aufgeschlossen zuwendest,
ihnen bescheiden und ohne zu urteilen zuhörst,
dann wirst du mit der Zeit entdecken,
daß man dir vertraut.
Dein Herz wird berührt sein.
Du wirst langsam Einblick gewinnen
in das Geheimnis von Gemeinschaft.

Dabeibleiben

Wir machen in den Arche-Gemeinschaften die Erfahrung,
daß mit wachsendem Vertrauen
zwischen den Helfern und ihren Mitmenschen
– denen, die an Leib, Geist und Seele
manchmal schrecklich zerbrochen sind –
Leben aufkommt, neues Leben aufbricht,
das aus der Tiefe,
aus dem Urgrund und der Mitte ihres Wesens entspringt.
Liebe –
die Fähigkeit, dem andern zuzuhören,
ihn bei sich aufzunehmen,
sich durch ihn beschenken zu lassen –
erzeugt Sinn und weckt Hoffnung,
und sie verwandelt allmählich ein kaputtes Selbstbild
in ein positives.
Die Helfer werden zu Heilern,
einfach durch ihr Dasein
und weil sie ihre Mitmenschen so annehmen, wie sie sind.
Weil sie Bestätigung erfahren,
trauen sich diese Menschen wieder etwas zu

und entdecken ihre eigene Schönheit und ihre Gaben.
Sie merken auf einmal,
daß sie sich nicht in ihrer Wut und Traurigkeit
vor anderen zu verstecken brauchen;
daß sie nicht schmutzig, häßlich oder böse sind.
Durch liebevolles, engagiertes Dasein
erkennen sie mit der Zeit,
 daß sie sich selber sein dürfen;
 daß sie geliebt werden und daher liebenswert sind;
 daß sie be-gabt sind
 und daß ihr Leben einen Sinn hat;
 daß sie sich entfalten können
 und zu Schönem fähig sind
 und so ihrerseits zu Friedensstiftern
 in einer konfliktgeladenen Welt werden.

Dann wird das Leben des Helfers nicht nur produktiv,
sondern fruchtbar.
Wir sind alle *Macher:*
Wir können Waren anfertigen, die schön und nützlich sind
und dafür Beifall erhalten.
Aber in Arche-Gemeinschaften
sind die Helfer zu mehr aufgerufen,
als nur leblose Gegenstände herzustellen,
die niemals miteinander reden
oder eine Beziehung eingehen können,
mag es sich auch um noch so schöne
und heilige Gegenstände handeln.
Die Helfer sind vielmehr dazu aufgerufen,
durch ihre Zuwendung und ihre Zärtlichkeit,
durch ihre Wertschätzung und ihr Ja zum Mitmenschen
denen *Leben zu schenken,*
die verzweifelt und am Boden zerstört sind.

Schenkt das Kind seiner Mutter nicht genausoviel Leben
wie die Mutter dem Kind?
Das Kind weckt ihr Mutter-Sein
und trägt so dazu bei,
daß sie ihre verborgene Schönheit entdeckt:

die Fähigkeit, ihr Kind zu beruhigen,
ihm Frieden zu schenken
und ihre Gabe,
in ihm Vertrauen und Wachstum hervorzurufen.

Wenn wir mit zerbrochenen Menschen zusammen sind,
ob in der Arche oder anderswo,
dann lassen wir uns auf diesen Lebensfluß ein,
bei dem Menschen sich gegenseitig vertrauen
und Ja zueinander sagen,
bei dem der eine dem andern Leben schenkt
und bei dem wir unsere auf Gegenseitigkeit beruhende
Fruchtbarkeit entdecken.

Jesus sagte der Samariterin,
daß das Wasser aus dem Urgrund seines Wesens,
das er ihr geben kann,
daß dieses Wasser, wenn sie davon trinkt,
in ihr zu einer Quelle wird,
deren Wasser ins ewige Leben übersprudelt.
Dann wird sie anderen Leben schenken
und für sie zum Lebensquell werden
und den Durst ihrer Mitmenschen stillen:
dann würde sie kein steriles Leben mehr führen,
sondern reiche Frucht bringen.

Dann könnten die Leute von ihr sagen:
„Gebenedeit ist die Frucht deines Wesens!"
Und Jesus spricht die Samariterin
in jedem von uns an:
er wendet sich an den zerbrochenen Teil unseres Wesens,
wo wir in solcher Angst leben
und unserer Fähigkeit zu lieben und uns lieben zu lassen
nicht trauen:
„Du sollst reiche Frucht bringen
und nicht mehr unfruchtbar, sondern fruchtbar sein."

Der Ruf Jesu im Tempel
war an jeden von uns
und an die gesamte Menschheit gerichtet:

„Wer Durst hat,
der komme zu mir und trinke;
wie es die Schrift sagt:
‚Wer an mich glaubt,
aus dessen Leib
werden Ströme lebendigen Wassers fließen!'"
Jesus sprach von dem Geist,
der erst nach seiner Verherrlichung
ausgegossen würde.

Für viele Menschen in der Arche
ist das ein bereicherndes und neues Erleben.
Ihnen wurde immer gesagt,
sie sollten glänzen und etwas leisten.
Zuhause haben sie vielleicht Aggressionen erlebt
oder eine vereinnahmende Liebe,
die Schuldgefühle erzeugt hat,
aber nicht die Freiheit,
sie selbst zu sein und sich zu entfalten.
Am Arbeitsplatz und in der Schule
mußten sie die Erwartungen anderer erfüllen,
sie befanden sich in einer Welt, in der es um Wettbewerbs-
und Konkurrenzfähigkeit ging,
und wenn sie erfolglos blieben,
fühlten sie sich zurückgelassen, erfolgs-unfähig;
sie fielen dann in eine Welt der Traurigkeit,
vielleicht schmollten sie,
wurden depressiv oder suchten sich Ersatzbefriedigung
in oberflächlichen sexuellen Beziehungen
und verloren sich in der Welt des Alkohols,
der Droge und des Films,
oder sie spornten sich gegenseitig zu waghalsigen Taten an.

Aber wenn ihnen aufgeht,
daß sie durch liebevolle Zuwendung und Bejahung
anderen Leben schenken können,
dann spüren sie auf einmal etwas ganz Neues:
    sie erfahren gegenseitiges Vertrauen
    und Gemeinschaft miteinander,

ein Dasein füreinander,
und sie werden einander zu Heilern.

Ihr Körper, ihr Wesen wird wieder heil
und neue Hoffnung strömt hervor.
Dies wird auch zu einer sanften Erfahrung
der Gegenwart Gottes
in ihnen selbst
und im Mitmenschen.
Darin steckt ein Vorgeschmack der Dreieinigkeit,
ein tiefes Teilhaben am Durst Jesu:
„Daß sie eins sind, wie der Vater und ich eins sind,
daß sie ganz eins sind."
Aber all das ist so zerbrechlich;
diese Erfahrung von Gemeinschaft wirkt so dürftig
angesichts der Kräfte,
die ihr von innen und außen entgegenstehen:
die ständige Geräuschkulisse der Massenmedien;
die Angst vor dem,
was die andern wohl denken und sagen;
die Verführung durch Wohlstand und Macht;
die Provokation
durch ein verdrehtes Sexualitätsverständnis;
das von Angst und Aggression geprägte Klima.
Das alles kann die Schönheit der winzigen Blume,
die aus der verletzlichen Erde unseres Wesens
zum Vorschein tritt,
so leicht erdrücken.

Deshalb brauchen wir oft jemanden, der uns hilft,
die Schönheit und Tiefe dieser Erfahrung zu deuten,
mag sie auch noch so dürftig oder zerbrechlich sein;
wir brauchen jemanden, der uns versichert,
daß dies wirklich
eine Erfahrung der Gegenwart Gottes ist,
jemand, der uns ermutigt, innezuhalten
und auf die Gabe zu hören, die uns geschenkt wird;
der uns erinnert: „Laßt ab und erkennt,
daß ich euer Gott bin."

Das ist etwas Neues.
In dieser Erfahrung von Gemeinschaft
wird es keine Errungenschaften geben,
keine Examenszeugnisse, die dafür bürgen,
kein Endprodukt,
nichts Sichtbares, an dem man sich festhalten könnte,
keinen Beifall;
sie ist lediglich
eine leise Erfahrung der Liebe und Gegenwart Gottes.
Wage ich es auszusprechen?
Ja, es kann sogar eine mystische Erfahrung sein,
etwas so Tiefes und Zerbrechliches,
daß du
– wenn du nicht vorsichtig bist –
auf sie treten,
        sie erdrücken,
        sie übersehen
        oder daran vorbeigehen kannst.
Und doch ist es der leise Ruf Jesu,
die Berührung seiner Hände,
eine neu-aufkeimende Liebe.

Sie entspringt dem Urgrund deines Wesens,
sie läßt die Eis- und Kälteschicht
von innen her aufschmelzen
und trägt behutsam die sorgfältig aufgebauten Mauern ab,
die du aus Angst
um das verwundbare Herz
errichtet hattest.

Es ist wie eine Wiedergeburt des Kindes in dir:
das sanfte, zärtliche, verwundbare, zerbrechliche Kind,
das tief in dir verborgen ist,
verdeckt durch dein Geltungsbedürfnis
und das Bestreben, erwachsen, klug, intelligent
und beklatscht zu werden;
oder von deinem Bedürfnis, dich anderen
und ihren übertriebenen Erwartungen gegenüber
zur Wehr zu setzen.

Vielleicht erlebst du zum ersten Mal, was Jesus
vom Geist erfüllt sagte:
„Ich preise dich, Vater,
Herr des Himmels und der Erde,
weil du all das den Weisen und Klugen verborgen,
den Kleinen aber offenbart hast.“

Jesus kommt nicht im Donner und im Blitz,
er kommt auch nicht im Sturm.
Er kommt vielmehr in der leichten Brise am Abend.
Der Geist weht ganz leise über unsere Erde.
Wenn wir nicht achtgeben, besteht die Gefahr,
daß wir Gottes Gegenwart in unserem Leben
nicht wahrnehmen.
Denn er ist ein behutsamer Gott,
ein zärtlicher, liebevoller Gott,
der ganz leise Leben schenkt,
weit ab von der Welt des Stolzes und der Klugheit,
weit ab von den Thronen der Macht und Verwaltung,
weit ab von Selbstzufriedenheit
und Verteidigungsmechanismen
und der Sicherheit derer,
die auf niemand angewiesen sind.
Er ist im Innersten unseres Wesens,
in der Höhle unseres Seins, verborgen.

Was in diesen Augenblicken behutsamer Gemeinschaft
so vielen in der Arche gegeben wird,
kann auch die Erfahrung einer Mutter mit ihrem Kind sein,
oder eines Menschen,
der einem leidenden oder einsamen Mitmenschen
wirklich zum Freund wird.

Der Mut, sich einem tiefergreifenden Schmerz zu stellen

Die Schönheit und Zerbrechlichkeit dieser Erfahrung
birgt auch den Schmerz.
Wenn unsere Liebesfähigkeit geweckt ist,
wird in uns wach, was am tiefsten sitzt,
und das schließt unsere Verwundbarkeit
und unser Feingefühl mit ein.
Denn die abgebauten Mauern lassen
nicht nur die Quellen neuen Lebens entspringen,
sondern auch die Kräfte der Finsternis hochkommen:
    unser Bedürfnis nach Besitz,
    unser Verlangen, uns an andere zu klammern,
    um die eigene Leere zu stopfen;
    Eifersucht bricht hervor
    und damit verbunden die Fähigkeit zu hassen.
Liebe ist behutsam und schön,
aber sie bringt auch eine schreckliche Angst mit sich:
    Angst vor der Zukunft
        und vor dem Risiko,
        zu sehr hineingezogen zu werden,
    Angst, daß dies nur zum Tode
        unserer sogenannten Freiheit führt
    und auch Angst, verletzt zu werden,
        denn lieben heißt verletzlich werden;
        lieben ist immer Risiko.

Wenn wir etwas herstellen,
ist das Erzeugnis faßbar;
uns gehört das Produkt, uns gebührt der Ruhm.
Wenn wir hingegen anderen Leben schenken,
lassen wir uns auf Risiko und Unsicherheit ein,
denn uns gehört dann kein Produkt
und auch kein Ruhm.
Wir haben lediglich Vertrauen und Gemeinschaft
mit dem anderen,
mit dem wir gemeinsame Bande der Liebe entdecken,

einen Bund,
den Gott uns schenkt.
Wir werden zu Pilgern,
die in einem herrlichen Land unterwegs sind,
aber nicht wissen, wo der Weg sie hinführt.
Wir können uns nur der Liebe
und der Gegenwart Gottes gewiß sein,
dem Ruf, uns ihm zu überlassen
und uns der Führung seiner treuen Liebe anzuvertrauen.

Wenn wir mit zerbrochenen Menschen zusammenkommen,
dann steigen aus der Tiefe unseres Wesens
noch schlimmere, noch beängstigendere Schmerzen
an die Oberfläche.
Zu den zärtlichen Augenblicken,
in denen wir Gemeinschaft
und Vertrauen erfahren,
kommen andere Augenblicke hinzu
– vielleicht dann, wenn wir müde sind,
nicht aus unserer Mitte leben,
wenn wir uns verloren und verwirrt fühlen –,
Augenblicke, in denen wir von dem zerbrochenen,
uns nahestehenden Menschen
provoziert werden
und er nach etwas aufschreit,
das wir ihm nicht geben können –
entweder, weil unser Brunnen versiegt ist
und wir uns leer fühlen
oder weil er
einfach zuviel von uns verlangt.
(Wie können wir dem andern auch Vater, Mutter,
    Ehemann oder Ehefrau,
    Freund oder Freundin,
    Bruder, Schwester oder Kind sein,
    wenn er nach all diesen Beziehungen hungert?)

Und dann steigt in uns etwas hoch,
was wir niemals geahnt hätten:
    Wut oder Angst

und das Bedürfnis,
den anderen zu schlagen oder zu verletzen.
Das gleiche können auch Eltern
mit einem provokativen oder schreienden Kind erleben,
wenn ihr innerer Brunnen versiegt ist:
Gefühle kommen auf,
die zu Kindesmißhandlungen führen können;
da dies häufig passiert, sprechen wir inzwischen
von dem „battered-child-syndrome",
dem Syndrom der Kindesmißhandlung.

Die Gewalttätigkeit, die Ängste und die Bedürfnisse
mancher zerbrochener Menschen
können unsere Gewalttätigkeit
und unsere Ängste wachrufen:
eine schreckliche Macht wallt in uns auf,
die den anderen nicht mit fester Hand halten möchte,
sondern ihn verletzen, verwunden
und kaputtmachen will.
Da wird etwas in uns wachgerufen,
das wir nicht unter Kontrolle haben:
unsere erschreckenden Mächte der Finsternis,
unsere Fähigkeit, einen Schwächeren zu verletzen
und sogar zu töten!

Die Angst des zerbrochenen Menschen
kann unsere eigene Angst hervorrufen:
ein schreckliches Gefühl von Orientierungslosigkeit,
innerer Ruhelosigkeit,
von Tod und Leere.

Die stille Gnade des Erlebens von Gemeinschaft
ist verschwunden
– war es lediglich eine Einbildung? –
und statt dessen haben sich nun
überwältigende innere Unruhe und Schmerz eingestellt:
die Entdeckung
unserer eigenen schrecklichen Zerbrochenheit,
versteckt hinter unserem „Machertum",

versteckt hinter unserem Wissen
und unserer Intelligenz,
versteckt hinter unserer Lässigkeit,
unserer Sicherheit und unserer guten Laune,
und sogar versteckt hinter unseren frommen Werken
und Gebetszeiten.

In diesem flüchtigen Augenblick
berühren wir unsere eigene Dunkelheit
– eine ungemein tiefsitzende, schreckliche Dunkelheit.
Wir können dann entweder weglaufen
und alle möglichen Ausreden
und Vernunftsgründe heranziehen,
warum wir Menschen in ihrem Leid zurücklassen
und uns so von den neugewonnenen Freundschaften
vollkommen zurückziehen:
dann trauen wir uns nicht,
mit irgendeinem Menschen
über diese schreckliche Erfahrung zu sprechen;
wir versuchen, sie zu vergessen,
fühlen uns aber weiter schuldig.
Oder wir können uns dem eigenen Innenleben stellen
und dabei entdecken, wer wir wirklich sind:
Hinter der Fassade freudiger Großzügigkeit,
hinter dem Bild der Güte,
das sich andere von uns gemacht haben
und das wir vielleicht sogar noch begünstigt haben,
steckt letztlich auch nur ein am Boden zerstörter,
heilungsbedürftiger Mensch.
Dieser Augenblick kann uns zum Heil gereichen,
er kann ein Wendepunkt sein
in unserer Entwicklung zur Ganzheit.

Aber es ist nicht einfach;
die Verführung ist groß,
vor unserer tatsächlichen Wirklichkeit einfach wegzulaufen.
Wir brauchen einen einfühlsamen Wegbegleiter,
der uns helfen kann, den Schmerz zu deuten
und zu begreifen, was da geschieht.

Dies ist ein wichtiger Augenblick,
ein Einschnitt auf unserem geistlichen Weg,
wo wir in der Wahrheit wiedergeboren werden.
Es ist eine demütigende Erfahrung,
aber auch eine Erfahrung von Wahrheit.
Es ist besser zu wissen, wer wir wirklich sind,
mit all unserer Dunkelheit,
und diese dann zu akzeptieren und dafür einzustehen,
als so zu tun, als gäbe es sie nicht,
und dann unser Leben so zu gestalten,
daß diese Dunkelheit verborgen bleibt.
Sie wird sich dann nur in uns hineinfressen
und unser Leben aus dem Unbewußten heraus steuern,
bis sie schließlich in anderer Form in Erscheinung tritt.

In der Geschichte vom verlorenen Sohn
war sich der älteste Sohn
der Schattenseiten seines Wesens nicht bewußt.
Deshalb urteilte er auch über seinen jüngeren Bruder
und kritisierte seinen Vater –
er war außerstande, Mit-Gefühl zu empfinden.

Der Ausbruch von Angst
führt uns zu Armut und Bescheidenheit.
Die Erkenntnis
unserer Zerbrochenheit
und unserer Verletzungen
bringt uns letztlich von unserem hohen Roß herunter:
in unseren Augen,
und manchmal auch in denen unserer Mitmenschen,
sind wir in den Abgrund hinabgestürzt.
Aber wenn uns dabei geholfen wird,
können wir das Geschenk entdecken,
das diese Wahrheit für uns bereithält:

> wir sind keineswegs anders als die Menschen,
> denen wir dienen möchten,
> wir sind genauso kaputt und verletzt wie sie auch;
> es wird uns deutlich wie noch nie zuvor,
> daß wir wirklich miteinander

Brüder und Schwestern sind;
wir sind verwundete Menschen,
wir können einander liebgewinnen, einander vergeben
und miteinander unser Eins-Sein feiern.
Vielleicht können wir diese Demütigung
nur dann wirklich annehmen,
wenn wir eine ähnliche Erfahrung machen
wie der verlorene Sohn:
Wenn wir entdecken, daß wir vom Vater geliebt werden,
daß er uns vergibt und so annimmt,
wie wir nun einmal sind,
mit all unserer Zerbrochenheit,
mit all der Finsternis und dem Schmerz in uns,
dann können auch wir uns in den Armen Gottes ausweinen
und über seine Vergebung jubeln.

Ja, der Schrei und die Angst des Armen
lösen unseren Schrei und unsere Angst aus;
wir stoßen an die tiefste Stelle unseres Schmerzes
und unserer Ohnmacht.

Aber hier entdecken wir den neuen Namen Gottes,
den Jesus uns offenbart hat,
den Namen des Geistes, des Heiligen Geistes;
der Vater sendet den *Parakleten.*
Es ist ein herrlicher Name,
der wörtlich heißt:
„der den Schrei oder den Ruf erhört",
wie eine Mutter,
die ihr weinendes Kind in die Arme schließt.
Sie ist ein Paraklet.
Gottes Name ist
„der den Schrei Erhörende".
Erbarmen und Elend umarmen sich!
Wir können das unfaßbare Erbarmen und die Liebe Gottes
nur dann erfahren,
wenn wir bereit sind, in unser eigenes Elend hinabzusteigen
und von dort aus zu ihm aufschreien.
Dann wird er antworten:

„Hier bin ich, Geliebter",
„Hier bin ich, Geliebte",
und er wird uns lange
und innig in seine Arme schließen.

Es löst eine unglaubliche Freude in uns aus,
wenn wir uns absichtslos
geliebt wissen.
Gerade unsere Wunden
lassen diese Liebe in uns aufbrechen.

Erst dann wird uns klar,
daß *wir* die Armen sind.
Wir sind vielleicht zur Arche gekommen,
um den Armen zu dienen,
aber wir werden nur dann auch bleiben,
wenn uns deutlich wird, daß *wir* die Armen sind,
und daß Jesus nicht gekommen ist,
denen die gute Nachricht zu verkünden,
die den Armen dienen,
sondern denen, die arm *sind!*
Die Zerbrochenen führen uns
zu unserer eigenen Zerbrochenheit
und zur Einsicht, daß wir einen heilenden Retter,
einen Heiland brauchen.
So führen sie uns zu Jesus –
        zur Heil-Werdung,
        zur Ganz-Werdung,
        zur Auferstehung.

Diese beiden Erfahrungen –
von zärtlicher Gemeinschaft einerseits
und von Schmerz und Dunkelheit andererseits –
führen uns Schritt für Schritt zu einem Bund:
        dem Bund mit Jesus,
        dem Bund mit den Armen.

Leben im Leib der Gemeinschaft: Zueinander gehören

Diese beiden Erfahrungen
lassen sich nur innerhalb einer Gemeinschaft
in Wahrheit leben.
Diese Gemeinschaft könnte eine Gruppe sein,
die durch Gebet und gegenseitige Unterstützung
miteinander verbunden ist
und von einer gemeinsamen Sichtweise der Liebe
und Sorge füreinander getragen wird.
Es könnte auch eine Familie sein,
die jemandem in Not ihre Türen öffnet.
Oder eine Gemeinschaft, die sich zum Ziel gesetzt hat,
leidgeprüfte Menschen bei sich aufzunehmen.
Ohne diese äußere Gemeinschaft
wird die Erfahrung von innerer Gemeinschaft sehr schnell
zu Besitzdenken führen,
das den anderen dazu benutzt,
die eigene Leere zu stopfen;
wir neigen dann dazu, diese Erfahrung so zu manipulieren,
daß unsere eigenen Bedürfnisse Befriedigung finden
und persönlichen Launen und Wünschen entsprochen wird.
Liebe läßt sich immer nur *verschenken,*
niemals besitzen;
sie ist ein flüchtiger Augenblick der Ewigkeit,
ein Geschenk Jesu,
das uns neu macht.
Doch wie schnell sind wir darauf aus
– von unserer Zerbrochenheit
und unserem inneren Schmerz getrieben –,
dieses Geschenk an uns zu reißen,
es zu vereinnahmen und aufzubewahren.

Ohne Gemeinschaft
könnte uns die Erfahrung inneren Schmerzes
und innerer Angst
dazu veranlassen, dem Schwächeren wehzutun,

wenn in uns die Mächte der Finsternis entfesselt sind
und wir entdecken, daß wir imstande sind,
andere zu untergraben,
auf ihnen herumzutrampeln,
sie zu verletzen und zu unterdrücken,
und sie noch mehr kaputtzumachen,
als sie es ohnehin schon sind.

Eine Gemeinschaft bietet sowohl
die notwendigen Schutzvorkehrungen und Grenzlinien
wie auch die Unterstützung,
die es uns ermöglicht, Freude und Schmerz
ganz zu erleben.
Eine Gemeinschaft gibt uns die Bestätigung,
die wir brauchen,
um treu zu bleiben.
Sie kann uns auch die notwendige Herausforderung bieten,
damit wir vorwärts gehen
und diese Erfahrungen
als Zeiten der Weiterentwicklung
auf unserer Pilgerwanderung erleben,
die sowohl den Weg zu größerer Weisheit bahnen
wie auch zu tieferer Einwurzelung in unser Wesen.

In der Gemeinschaft
erfahren wir Zugehörigkeit
und Solidarität,
so als ob die Menschen zum Zusammensein geboren sind.
Wer Einsamkeit,
Trennung und Zerbrochenheit
in der eigenen Familie erlebt hat,
für den ist es eine zutiefst vereinende
und heilsame Erfahrung,
so angenommen zu sein, wie er ist,
mit allem, was er ist (und nicht ist!),
mit allem, was zerbrochen ist, allen inneren Wunden,
mit allem, was Gabe und Licht ist.

Es braucht seine Zeit,
bis das Zugehörigkeitsgefühl entstehen kann.
Wir müssen durch Phasen hindurch,
die mehr oder weniger wehtun,
bevor dieses Gefühl geboren wird
oder seine Erfüllung erreicht.
Bei manchen kann das ganz schnell gehen,
fast augenblicklich,
und es ist Gottes Gabe, der sie treu bleiben sollen.
Bei anderen kann es sich über Jahre hinziehen.
Oft besteht ein starker Widerstand,
wir wollen nicht dazugehören
oder nicht daran glauben,
daß wir berufen sind, mit anderen zusammenzuleben –
denn Zugehörigkeit
bedeutet auch, daß wir uns
von einigen Seiten unseres Wesens lossagen:
    von unserer Unabhängigkeit,
    von unserer Freiheit, Dinge tun und lassen zu können.
In jedem von uns gibt es einen Kampf
gegen diese Zugehörigkeit.
Wir haben Angst vor dem Aufruf,
unsere Gaben für uns in Anspruch zu nehmen,
sie weiterzuentwickeln
und für den anderen verantwortlich zu werden.
Wir haben auch Angst vor dem Aufruf,
uns den Gaben anderer zu unterwerfen.
In jedem von uns steckt ein Stück Stolz,
das uns davon abhält,
an die Berufung und die Verheißung Jesu zu glauben
und uns in Liebe und Bescheidenheit
zu verschenken,
die uns befähigen würde,
uns auch von anderen beschenken zu lassen.

Wenn wir beginnen, unser Leben mit anderen zu teilen,
bricht zunächst eine Zeit der Euphorie an:
    eine innere Freude strömt hervor.

Alle scheinen so großartig zu sein,
daß wir sie aufs hohe Roß setzen und zu ihnen aufschauen.
Nach Jahren des Schmerzes, der Suche und der Einsamkeit
haben wir endlich den Platz gefunden,
an den wir hingehören!
Werden wir dann aber einmal müde,
oder fühlen wir uns verletzt, mißverstanden,
nicht anerkannt oder an den Rand gedrängt,
dann lernen wir die anderen so kennen,
wie sie wirklich sind:
    eine Mischung aus Licht und Dunkel,
        aus Liebe und Haß,
        aus Vertrauen und Angst.
Wutentbrannt stürzen wir sie dann in den Abgrund:
    das sind ja alles Scheinheilige!
    die tun ja gar nicht, was sie sagen!
Das Mißverhältnis zwischen Wort und Leben
tritt schmerzlichst zutage.
Wir verlieren das Vertrauen.
Aus der Traum. Wirklichkeit tut weh –
    weniger die Wirklichkeit der zerbrochenen Menschen,
    denen wir dienen wollten,
    als vielmehr die Wirklichkeit derer,
    die ihr Leben in der Nachfolge Jesu
    mit ihnen teilen wollten.

Es geht uns wie Petrus
angesichts der Kleinheit und Zerbrochenheit Jesu –
wir können es nicht ertragen.
Unsere ganzen Theorien, Träume und Illusionen
über Gemeinschaft, über die Menschheit
und über uns selber
stürzen donnernd ein.
Wir sind am Boden zerstört.

In jedem von uns steckt der Traum von einer heilen Welt,
in der alles herrlich und schön ist.
Etwas in uns meint,
daß Zerbrochenheit etwas Böses ist

und daß es sie nicht geben dürfte:
Wir sehnen uns zutiefst
zum ursprünglichen Paradiesgarten zurück,
zum Garten Eden.
Es ist so wie damals mit dem Traum von unseren Eltern,
als wir davon ausgingen oder erwarteten,
daß sie vollkommen
wie Gott seien.
Wir konnten an ihnen keine schwachen Punkte entdecken –
bis zu jenem vernichtenden Tag,
als es uns wie Schuppen von den Augen fiel
und alles ans Tageslicht kam!
Dieser Traum hat seine Wurzeln in unserer Unsicherheit.
Wenn wir auf die eigene Zerbrochenheit stoßen,
dann möchten wir am liebsten in
    einer vollkommen herrlichen Welt leben,
    einer vollkommen herrlichen Gemeinschaft,
    einer vollkommen herrlichen Kirche.
Die meisten von uns
haben immer wieder zu hören bekommen,
daß sie vollkommen sein sollen;
wir dürfen nicht schwach und am Boden zerstört sein,
nicht zerbrechlich, nicht verwundbar.
Das Bild der Vollkommenheit,
um die wir uns bemühen sollen,
ist so tief in unserem Denken verwurzelt,
daß wir immer geneigt sind,
unsere eigene Zerbrochenheit abzustreiten
und die der anderen zu verachten;
so verurteilen wir die Gemeinschaft, die nicht perfekt ist
oder unserer Idealvorstellung nicht entspricht.

Das Zugehörigkeitsgefühl erwächst aus dem Vertrauen:
Vertrauen ist das allmähliche Annehmen der Mitmenschen,
so wie sie sind, mit ihren Fähigkeiten und ihren Grenzen –
denn jeder ist von Jesus berufen.
Und das führt uns zur Erkenntnis,
daß der Leib der Gemeinschaft nicht ganz heil ist

und es auch nicht sein kann,
denn das entspricht unserer menschlichen Beschaffenheit.
Und es ist in Ordnung,
daß wir un-fertig sind.
Wir brauchen unsere Unvollkommenheit
nicht zu beweinen.
Wir werden nicht aufgrund unserer Mängel gerichtet.
Unser Gott weiß, daß wir in so vieler Hinsicht
lahm und halb blind sind.
Wir werden bei der Olympiade der Menschheit,
beim Wettlauf um die Vollkommenheit,
niemals den Sieg davontragen,
aber wir können gemeinsam
und voller Hoffnung unterwegs sein
und feiern, daß wir in unserer Zerbrochenheit geliebt sind:
    wir können uns gegenseitig helfen,
    können mehr Vertrauen zueinander gewinnen,
    in Dankbarkeit leben,
    Vergebung lernen,
    uns anderen öffnen,
    sie bei uns aufnehmen
und uns für Frieden und Hoffnung in der Welt einsetzen.
Dann können wir auch in der Gemeinschaft
Wurzeln schlagen –
nicht, weil sie perfekt und großartig ist,
sondern weil wir glauben,
daß Jesus uns zusammengerufen hat.
Da gehören wir hin
und da sollen wir wachsen und einander dienen.

Dann erst lernen wir, daß
die Gemeinschaft wirklich ein Leib ist;
daß jeder ein Glied dieses Leibes ist,
der durch einen Bund zusammengehalten wird,
den Jesus uns schenkt.
Jeder von uns hat in diesem Leib einen Platz;
keiner ist besser als der andere.

Der heilige Paulus sagt uns das in seinem ersten Brief an die Gemeinde in Korinth:

„Wir müssen nicht alle ein Auge, ein Ohr
oder ein Fuß sein!
Wir müssen wir selbst sein
und unseren unverwechselbaren Platz im Leib finden.“

Und er fährt fort:

„Die Glieder des Leibes,
die als die zerbrechlichsten
und weniger anständigen gelten,
sind notwendig
und sollten mit Ehre behandelt werden.“

Die Menschen, bei denen am meisten kaputtgegangen ist,
die große Not oder Qualen ausstehen,
die Kleinsten und die Schwächsten
sind die Mitte der Gemeinschaft:
in ihnen ist Jesus gegenwärtig –
der gekreuzigte und notleidende Jesus.
Der Leib ist dazu da, sie zu tragen und zu trösten,
sich um sie zu sorgen
und sich von ihnen mit Leben beschenken zu lassen.

Wenn wir erst einmal das Geheimnis des Bundes
und das der Gemeinschaft als einem Leib entdeckt haben,
treten mit der Zeit viele Aspekte von Hierarchie,
Konkurrenzkampf, Wettbewerbsmentalität
sowie unser Bedürfnis,
uns als Bester unter Beweis stellen zu müssen,
in den Hintergrund.
Unterschiede werden nicht mehr als Bedrohung,
sondern als Schatz angesehen.
Wahre Menschheit basiert nicht auf Hierarchie,
wo der Beste ganz oben ist
und der Schlechteste, der Dümmste, ganz unten.
Das vollkommene Modell gibt es nicht.
Den idealen Menschen auch nicht.
Niemand besitzt alle Fähigkeiten.
Die Leitung haben heißt nicht, der Beste,

der Beliebteste sein;
Vorgesetzte sind nichts Besseres.
Die Menschheit ist aufgerufen,
sich als einen Leib zu erkennen.
Und innerhalb des Leibes der Gemeinschaft
oder des Leibes der Familie
muß jeder Mann und jede Frau, alt und jung,
geachtet und anerkannt werden
aufgrund des Wertes ihrer Unterschiedlichkeit –
denn jeder wird gebraucht,
um eine einzigartige Funktion zu übernehmen.

Dann können wir auch die Ausübung von Autorität
lediglich als eine Gabe unter vielen anderen verstehen,
als Dienst am Mitmenschen.
Das Priestertum ist wieder eine andere Gabe,
ein anderer Weg, sich für die Entfaltung aller anzubieten.

Und im Kern,
genau in der Mitte des Leibes der Gemeinschaft,
sind die Kleinsten, die Schwächsten und die Ärmsten,
die die Gabe der Gegenwart Jesu
wie eine Ikone,
wie ein Sakrament in sich tragen.

Wenn wir die Gemeinschaft als einen Leib erfahren,
zu dem uns Jesus berufen hat,
damit wir zueinander gehören,
dann entdecken wir, daß wir gegenseitig für das Wachstum
und für die Entwicklung der Gaben jedes einzelnen
Verantwortung tragen.
Wir haben die Macht, die Gaben unserer Mitmenschen
zu wecken
oder sie zu erdrücken.

Wir können die Armen und Zerbrochenen
nur dann zum Wachstum herausfordern,
wir können sie nur dann aufrufen, in allem wahr zu sein,
wenn Bund und Vertrauen
tief verwurzelt sind

und wir wahrhaftig und bescheiden reden,
und wenn wir aus Liebe handeln,
anstatt aus Angst oder Wut,
oder aus dem Verlangen,
andere kontrollieren und beherrschen zu wollen;
dann können auch wir uns darauf einlassen,
herausgefordert zu werden
und uns vom zerbrochensten Menschen
zu Entfaltung und größerer Wahrhaftigkeit
aufrufen zu lassen.

Es ist nicht leicht,
ein Glied des Leibes der Gemeinschaft zu werden.
Wir müssen uns dafür von uns selbst lossagen,
von unserem Stolz,
von unserem Bedürfnis,
nur unseren eigenen Interessen zu leben
und von unserem Verlangen, als einzigartig
und lebenswichtig anerkannt zu werden.

Es ist ein Kampf, den anderen frei von Urteilen,
Verurteilungen oder Neidgefühlen
ihren rechtmäßigen Platz zuzugestehen.
Es fällt uns schwer,
die Unterschiede unserer Mitmenschen anzunehmen,
besonders dann, wenn sie von ihrem Temperament und
ihrer Art her
so ganz anders sind als wir.
Es scheint, daß sich unterschiedliche Menschentypen
widersprechen.
Noch bedrohlicher erscheinen uns vielleicht Menschen,
die jene Züge unseres Wesens widerspiegeln,
die wir selber nicht anschauen oder annehmen möchten.
Sie führen uns
die Zerbrochenheit vor Augen,
die wir vor uns selbst nicht wahrhaben wollen.
Sie werden dann auf ganz besondere Weise
zu unseren Feinden.

Dennoch hat jeder seinen Platz im Leib.
Und Jesus ruft uns zusammen, damit wir einen Leib bilden
und uns gegenseitig so lieben, wie er uns liebt.
Er ruft uns auf,
das Wunder der Liebe und der Gnade zu erleben:
das Wunder der Gemeinschaft –
ein Leib, ein Glaube, ein Hirte.
Keine Gemeinschaft der Gleichmacherei,
keine Gemeinschaft der Verschmelzung,
(was oft eher Verwirrung bedeutet),
sondern eine Gemeinschaft, in der es auf menschlicher
und auf seelischer Ebene unvermeidlich
zu Spannung und Leid
und zu Gefühlen der Unzufriedenheit kommen wird.
Eine Gemeinschaft muß in dem Glauben
und dem Vertrauen verankert sein,
daß wir alle zu einem Leib berufen sind.

Gerade im Ringen um den Aufbau der Gemeinschaft
liegt Gottes Geschenk,
und durch unsere Annahme
erkennen wir es als Geschenk an;
wir haben es nicht ein für alle Male empfangen,
sondern müssen uns tagtäglich
danach sehnen, darum beten und daran arbeiten.

Weil die Gemeinschaft ein lebendiger, dynamischer Leib ist,
ist sie auch ständig in Bewegung.
Sie entwickelt sich dann weiter,
wenn sich die Menschen in ihr weiterentwickeln,
wenn der ganze Leib wächst,
indem er neue Menschen zu sich nimmt,
wenn andere weggehen und sich trennen,
um einen neuen Leib zu bilden,
so wie sich auch die Zellen des Leibes teilen und mehren.
Jede Gemeinschaft wie auch jeder einzelne
erleidet in der Zeit des Wachstums Schmerzen
und macht Übergangsphasen durch.

Dabei besteht für uns alle die Gefahr,
daß wir uns eine Gemeinschaft wünschen,
die stark und kompetent ist,
abgesichert durch Wohlstand,
durch eine gute Verwaltung und gute Strukturen
sowie erfahrene, kompetente, engagierte Leute.
Keiner von uns lebt gerne in Unsicherheit,
in der Angst vor morgen.
Wir sind alle wie Petrus –
wir fürchten uns, auf dem Wasser zu gehen.
So können wir unsere Herzen schnell wieder verschließen
und den Ruf Jesu vergessen –
vergessen, wie er uns mit seiner führenden Hand
zum Leben gebracht hat.

Das feine Samenkorn der Liebe
vom Anfang der Gemeinschaft
kann sich sehr schnell verhärten.
Wenn die Gemeinschaft ständig wächst, ist es nicht leicht,
wie ein Kind zu bleiben,
abhängig von unserem Herrn und Guten Hirten,
der uns zu grünen Auen führt
zu neuen Formen der Stärkung,
und der uns so führt,
wie damals, als er sein Volk durch die Wüste führte,
durch neue Formen der Armut und Unsicherheit hindurch.
Unsicherheit
gibt es in einer kleinen prophetischen Gemeinschaft,
es gibt sie aber auch in einer großen, alten Gemeinschaft,
mit ihren Strukturen
und ihren Langzeit-Mitgliedern,
von denen manche die Inspiration verloren haben.

Dennoch leben in unserer Welt
die Armen und Schwachen
in ständiger Unsicherheit,
sie sind menschlichen und politischen Mächten ausgeliefert,
und sogar ihrer eigenen Zerbrochenheit
und inneren Gewalttätigkeit.

Wir, die von Jesus dazu berufen sind,
mit ihnen unterwegszusein
und mit ihnen einen Bund einzugehen,
sind gleichermaßen dazu berufen,
diesen Weg der Unsicherheit zu entdecken,
wo Macht und Güte unseres Gottes
offenbar werden.

Ja, Unsicherheit und Schwachheit
sind Einfallstore
für die Kraft Gottes.
Laufe also vor der Unsicherheit nicht davon;
versuche nicht, auf alles eine Antwort zu wissen.
Sonst riskierst du nämlich, dich von Gott,
der dich zu seinem Reich führen möchte, abzuwenden.

„Der Herr gibt dem Müden Kraft,
dem Kraftlosen verleiht er große Stärke ...
Die aber, die dem Herrn vertrauen,
schöpfen neue Kraft,
sie bekommen Flügel wie Adler.
Sie laufen und werden nicht müde,
sie gehen und werden nicht matt."

Wenn wir dazu berufen sind,
mit den Armen gemeinsam unterwegs zu sein,
wird Jesus immer dabei sein,
und zu uns sagen: „Hab keine Angst,
denn ich bin bei dir."

Vergebung und die Bande der Gemeinschaft

Es stimmt,
wir werden einander weiter verletzen.
Wir hören uns nicht zu.
Uns fehlt es an Mitgefühl.
Trotz unserer tiefsten Sehnsüchte

verschließen wir uns schnell wieder
und vergessen den Ruf Jesu.

Vielleicht stellen wir uns zu sehr in den Mittelpunkt
und beherrschen andere mehr oder weniger indirekt;
wir unterdrücken und erdrücken Menschen
und verweigern ihnen ihren rechtmäßigen Platz.
Und manchmal tun wir uns schwer,
uns zu dem Platz zu bekennen,
der zu uns gehört;
aus Schüchternheit zögern wir, uns zu behaupten,
es fehlt uns an Vertrauen zu uns selbst
und in unsere Fähigkeiten,
und so schwächen wir den Leib
und erlauben oder zwingen andere sogar dazu,
übermäßig zu dominieren.
Die Zuweisung der Verantwortlichkeiten und Beziehungen,
ganz gleich in welcher Gemeinschaft,
ist nichts Statisches, das ein für alle Male festgesetzt ist;
sie befindet sich vielmehr in ständigem Fluß
mit der Entwicklung der Menschen,
ihrem Kommen und Gehen.
Und weil nichts je vollkommen festgelegt ist,
kann man sich leicht verletzt fühlen
und andere weiter verletzen.

Deshalb müssen alle Gemeinschaften,
das schließt die Familien natürlich mit ein,
in der Vergebung verankert sein.
Vergebung ist all denen, die ihr Leben miteinander teilen,
Quelle und Felsen:

> jeden Tag vergeben,
> immer und immer wieder vergeben,
> und genauso oft selbst Vergebung erfahren ...

Vergebung ist der Zement, der uns zusammenbindet:
sie ist die Quelle der Einheit;
sie ist die Qualität der Liebe;
sie führt aus der Trennung den Zusammenhalt herbei.

Vergeben heißt den Mitmenschen in seinem Schmerz
verstehen und mit-tragen;
vergeben heißt mit-fühlen.

Vergeben heißt unsere eigene Zerbrochenheit annehmen,
deine und meine.

Ver-geben heißt,
unrealistische Erwartungen an andere weg-geben
und den Wunsch los-lassen,
daß sie anders sein sollen,
als sie es in Wirklichkeit sind.

Vergeben heißt andere befreien,
damit sie zu sich selbst finden können
und sie nicht schuldig machen für das,
was einmal gewesen sein mag.

Vergeben heißt den Mitmenschen dazu verhelfen,
daß sie aufblühen, Frucht tragen
und ihre eigene Schönheit erkennen.

Vergeben braucht keine dramatischen Tränen
oder stürmische Umarmungen.
Es zeigt sich vielmehr in einer einfachen Geste,
die besagt, daß wir gemeinsam
als Teil des einen Lebens da sind
und von Jesus
zu einem Bund miteinander aufgerufen sind.

Vergeben heißt Frieden schaffen:
uns für Einheit einsetzen,
einen Leib aufbauen
und den zerbrochenen Leib der Menschheit wieder heilen.

Vergeben heißt Jesus nachfolgen,
vergeben heißt wie er sein,
denn er ist gekommen, um zu geben und zu ver-geben,
um den Menschen das Joch der Schuld
von den Schultern zu nehmen,

das sie in ein Gefängnis der Traurigkeit
und der Unfruchtbarkeit einsperrt
und sie daran hindert, aufzuleben und sich frei zu entfalten.

Menschen, die an Ablehnung
und tiefer Unsicherheit gelitten haben –
vor allem als Kinder –,
tragen an einer besonderen und schrecklichen Form von Schuld:
sie glauben, daß sie zu nichts taugen,
daß niemand sie liebhaben kann.
Dieses kaputte Selbstbild
wiegelt sie zu unsozialem Verhalten auf,
zu Taten der Aggression oder der Selbstverstümmelung,
die zu noch größerer Ablehnung führen.
Der Teufelskreis des inneren Schmerzes schließt sich.
Wenn sie denen ins Gesicht schlagen,
die mit ihnen zusammenleben,
stellen sie diese damit auf die Probe.
Ihre Bedürfnisse sind grenzenlos,
und wenn sie nicht befriedigt werden,
kommt Wut auf.
Ihr Heil-Werden läßt sich in einem langen Prozeß
von Begegnungen herbeiführen,
die sie auf den Weg des Vertrauens, der Liebe
und der Treue führen;
in einem langwierigen Prozeß, in dem sie spüren müssen,
daß ihnen vergeben ist,
daß sie nicht gerichtet oder verurteilt werden.
Das ist die Vergebung,
die sich siebenundsiebzigmal wiederholt –
wenn nicht noch häufiger –,
eine Vergebung, die ihre Angst langsam in Vertrauen
und ihr negatives Selbstbild
langsam in ein positives umwandelt.
Dann sind auch sie imstande, jenen Menschen zu vergeben,
die ihnen wehgetan haben, als sie jung waren.

Jesus ist gekommen,
damit wir den Weg der Vergebung erlernen können.
Zur Frau, die beim Ehebruch ertappt wurde –
dieser Frau, die den Leib der Familie zerbrochen hatte –,
sagt Jesus: „Auch ich verurteile dich nicht;
geh und sündige nicht mehr."
Er schaute sie an und liebte sie voll Zärtlichkeit.
Ihre Seele war geheilt
durch die Erfahrung der Liebe Jesu.
In ihr brach neues Leben auf
und sie wurde wieder heil.
Jesus nahm das Joch der Schuld von ihr weg.
Er gab ihr neues Selbstvertrauen.
Sie stand auf,
um ihre Familie zu heilen und wiederaufzubauen.

Jesus erzählt vom verlorenen Sohn,
den der Vater in seinen Armen hält,
so zerbrochen dieser war.
Er wurde liebevoll umarmt,
und von dieser Liebe umfangen,
wurde er geheilt und wieder heil:
er fand zu ganzem Menschsein zurück.

Jesus ist gekommen, um uns zu vergeben.
Das Geheimnis seiner Botschaft besteht darin,
daß er auch uns das Vergeben lehrt.
Sein Ausruf am Kreuz: „Vater, vergib ihnen,
denn sie wissen nicht, was sie tun!"
war auch der Ausruf in jedem Augenblick seines Lebens:
„Vergib ihnen."
Darum wurde er das Lamm,
das Lamm Gottes,
um die Sünden der Welt hinwegzunehmen
und unaufhörlich zu vergeben.
Er nahm die Gewalttätigkeit der Menschheit,
die angestaute Gewalttätigkeit ganzer Generationen,
in sein Fleisch hinein,
um sie in Vergebung und Zärtlichkeit

umzuwandeln – in eine Vergebung,
die gleichzeitig eine Erfahrung von Freiheit ist:
„Steh auf!
sei der, der du bist!
Bringe Frucht!
Schenke Leben!
Erlebe die schöpferische Liebe
im Leib der Gemeinschaft, der Kirche,
im Leib Christi."

Der Kern der Botschaft Jesu ist sein Gebot:
„Liebet eure Feinde;
Tut Gutes denen, die euch hassen.
Betet für die, die euch verfluchen."

Er hebt hervor, daß es leicht ist,
die Menschen zu lieben, die auch uns lieben;
dazu brauchen wir keine besondere Kraft oder Liebe.
Aber unsere Feinde aus eigener Kraft zu lieben,
das ist unmöglich.
Unser natürlicher Instinkt sagt uns,
daß wir uns wehren sollen:
entweder zum Angriff übergehen oder weglaufen.
Aber mit der Gabe seines Geistes
führt uns Jesus auf den Weg der Friedensstifter.

Noch bevor die Worte Jesu „Liebet eure Feinde" Gebot sind,
sind sie Verheißung:
„Ich werde euch meinen Geist schenken,
damit ihr das tun könnt,
was ihr aus eigener Kraft nicht schafft."
„Ihr werdet das Mit-Leiden lernen,
und ich werde euch zeigen,
wie ihr denen vergeben und die lieben könnt,
die euch verletzen,
die euch hinter eurem Rücken kritisieren,
die euch in eurer Freiheit einschränken,
die euch am Leben hindern,
die euch ablehnen,

die euch im Stich lassen,
die euch erdrücken,
die euch ins Gesicht schlagen."
Mit Jesus wird das Unmögliche möglich.

Im Hinabsteigen zur Ganzheit finden

Für diejenigen von uns, die dazu berufen sind,
mit sehr zerbrochenen Menschen zu leben und zu arbeiten,
liegt das Ziel ganz besonders darin,
ihnen zu helfen, sich zu erheben,
die eigenen Gaben und die eigene Schönheit zu entdecken
und die Fähigkeit zu verwirklichen,
ihre Mitmenschen zu lieben und ihnen zu dienen.

Wer den Armen dient, läuft immer Gefahr,
sie zurückzuhalten
und zuviel für sie zu tun,
wie Eltern, die zuviel
für ihre Kinder mit einer Behinderung tun.
Es ist immer leichter, für andere etwas zu tun,
als sie es selbst tun zu lassen
und ihnen so zu helfen,
ihre Menschenwürde und ihre Selbstachtung zu finden.
Wenn wir zuviel für den andern *tun*
und ihm nicht bei der Weiterentwicklung
oder beim Übernehmen von Eigenverantwortung
behilflich sind,
dienen wir dann nicht nur uns selber?
– auf der Suche nach Macht und Ansehen?
Zerbrochenen Menschen dienen
heißt ihnen helfen – so wie auch eine Mutter
ihrem Kind hilft –,
die eigenen Gaben und die eigene Schönheit zu entdecken
und an Selbständigkeit dazuzugewinnen,
so daß wir immer mehr in den Hintergrund treten können.

Zerbrochenen Menschen dienen
heißt hinabsteigen
und ihnen die Füße waschen,
so wie Jesus es getan hat,
und dabei die Seligpreisung der Kleinheit entdecken:
verborgene Diener sein,
den letzten Platz einnehmen –
dort läßt Jesus sich finden.
Johannes der Täufer hat gesagt, daß er kleiner werden muß,
damit Jesus wachsen kann.

Die Macht und Herrlichkeit Gottes nahmen erst dann zu,
als Jesus in den Hintergrund trat
und zum niedrigsten Platz hinabstieg.
Jesus hat gesagt: „Es ist gut, daß ich gehe,
damit ich euch meinen Geist senden kann;
dann werdet ihr wachsen
und reiche Frucht bringen."
Und dafür ist Jesus am Kreuz gestorben
und hat sich dann im Brot der Eucharistie verborgen.
Genauso müssen die Stärksten
oder die Ältesten in einer Gemeinschaft lernen,
in den Hintergrund zu treten,
den letzten Platz einzunehmen
und wie Brot zu werden,
das andere stärkt und sie wachsen läßt.

Maria erzählt uns in ihrem Lobgesang,
daß Gott die Armen erhebt
und die Mächtigen vom Thron herunterholt.
In welcher Weise wir auch unser Leben
mit den Armen und Zerbrochenen teilen,
immer sind wir aufgerufen,
auf unsere eigene Armut und Zerbrochenheit zu stoßen
von unserem hohen Roß der Macht,
des Wissens und der Sicherheit herabzusteigen
und klein und bescheiden zu werden.
Es führt kein anderer Weg zur Ganzheit.
Und in dem Augenblick, da wir

mit den Armen und Zerbrochenen eine Beziehung eingehen,
sind sie dazu berufen,
sich voller Hoffnung zu erheben und zu feiern.
Das ist der Weg Jesu.
Das ist der Weg, der Frieden schafft.
Das ist der Weg zur Einheit:
den Kleinsten und Ärmsten ihren rechtmäßigen Platz geben,
sie nicht in Ghettos absondern,
ihnen kein Geld anbieten,
sondern den Platz, der ihnen im Leib gebührt.

Einige, die vielleicht eine schwere Behinderung haben,
sind im Leib der Gemeinschaft
einfach die Gegenwart Jesu,
    das Sakrament Jesu,
    die Ikone Jesu,
    das Angesicht Jesu.
In ihrem Kleinsein
haben sie keine Stimme,
aber ihr Leib ist der Tempel des Heiligen Geistes.
Ihre einzigartige Rolle
besteht darin, Jesus und dem Vater ein Zuhause zu sein,
    ein geheimnisvoller, lebendiger Tabernakel.
Und das werden sie nur dann erkennen,
wenn wir es ihnen zeigen,
    durch die Art, wie wir sie berühren und baden,
    durch die Art, wie wir sie tragen,
    durch die Art, wie wir liebevoll mit ihnen sprechen,
        auch wenn sie die Worte nicht verstehen,
    durch die Art, wie wir behutsam für sie da sind,
    durch die Art, wie wir sie verehren.

Die Jünger wandten sich von Jesus ab,
    als er machtlos und verwundbar wurde,
    als man ihn aus der religiösen Gemeinschaft ausschloß
    und außerhalb der Mauern der geliebten Stadt
    ermordete.
Sie konnten keinen schwachen,
weinenden Messias akzeptieren.

Wie will der Mann, der selber hinfällt,
anderen zum Stehen verhelfen?

Laßt uns beten,
daß der Heilige Geist Zugang zu unserem Leben gewinnt,
wo immer wir gerade sind,
und daß wir durch ihn lernen, wie Jesus zu sein,
immer im Abstieg begriffen;
daß wir den Retter im Herzen der Armen entdecken
und ihnen ihre rechtmäßige Stellung in Gesellschaft
und Kirche gewähren.

Mit den Armen unterwegssein heißt,
gegen den Strom der Gesellschaft schwimmen.
Für sie arbeiten – selbst wenn es darum geht,
für ihre Rechte zu kämpfen und sie auf die Stufe
der Normalität unserer Gesellschaft zu stellen –
kann kulturell bedingt sein.
Aber einfach mit ihnen leben,
    ihr Leben teilen
    oder mit ihnen Gemeinschaft aufbauen
    und mit ihnen feiern
        ist nicht kulturell bedingt!
Wer Jesus nachfolgt, ist aufgerufen, Gegen-Kultur zu sein.
Im allgemeinen trennt sich die Kultur von den Armen.
Sie fördert nur den,
der die Karriereleiter
zu mehr Macht und Ansehen aufsteigt.

Jesus richtet sich gegen diese Kultur;
er wendet sich gegen den Strom
der scheinbaren Wünsche der Leute.
Das führte schließlich zu seiner Ablehnung.
Man sieht ihn als gefährlich an.
In ihm steckt ein sanfter Revolutionär,
    der alles verändert,
    der alles neu macht,
    und das Reich Gottes verkündet,
        wo die Mächtigen vom Thron abgesetzt

und die Schwachen erhoben werden,
wo Feinden vergeben wird
und Mauern einstürzen,
wo Waffen abgebaut werden
und Menschen als ein Leib zusammenkommen,
wo jeder seinen Teil beiträgt;
ohne Wettbewerb oder Konkurrenzkampf,
sondern mit Vergebung
und der Feier der Einheit,
die aus Liebe erwächst.

Eine neue Kraft

Wenn wir mit den Armen unterwegs sein möchten,
müssen wir eine neue Kraft finden,
eine neue Energiequelle,
die nicht aus Büchern oder Studien stammt,
die auch nicht von dem Bedürfnis herrührt,
anderen etwas beweisen zu wollen;
diese neue Energiequelle
darf noch nicht einmal aus natürlicher Großzügigkeit
oder dem Bedürfnis nach Weiterentwicklung erwachsen
und auch nicht aus dem Wunsch, die Welt retten zu wollen,
sondern sie muß direkt von Gott kommen.
Wir müssen in der Liebe und im Geist neugeboren werden.
Wenn wir nicht den Samen des Geistes Jesu empfangen,
können wir nicht mit den zerbrochenen Menschen
unserer Welt zusammenleben
und mit ihnen gemeinsam anfangen,
den zerbrochenen Leib der Menschheit
wieder ganz zu machen
und zugleich unsere eigene Finsternis auf- und annehmen;
dieser Samen will gepflegt und genährt sein,
damit er sowohl in uns
als auch in dem Leib, dem wir angehören, wachsen kann.
Es gibt viele Kräfte,

die sich dem Wachstum des Samens widersetzen,
viele Kräfte des Hasses,
die nur darauf aus sind,
zu spalten, zu zertrümmern und kaputtzumachen.
Es gibt viele verführerische Kräfte,
die die Menschen auseinanderreißen
und Wachstum verhindern.
Wahrheit und Liebe haben viele Feinde,
die ihre Macht, ihren Besitz-Hunger
und den unrechtmäßig verdienten Wohlstand schützen.
Einheit hat Feinde,
und der allergrößte unter ihnen ist der Böse selbst.
Obwohl viele ihm seine Existenz nicht zugestehen möchten,
ist es der Teufel, der die Ganzheit zerbricht
und der versucht, Menschen zu verführen,
    sie voneinander zu trennen,
    sie zu spalten und Barrikaden aufzubauen,
    Gewalttätigkeit, Konflikt und Rachsucht zu fördern,
    Leute auf ein hohes Roß zu setzen
    und eine Elite zu schaffen,
    die auf andere verächtlich hinabschaut.

Jesus ist gekommen, um das zusammenzufügen,
was zerbrochen ist.
Er gibt uns seinen Geist, den Heiligen Geist,
damit wir wie er
zu Männern und Frauen des Friedens werden
und das wieder heil machen, was zerbrochen ist.
Wenn wir daher mit zerbrochenen Menschen
Bande der Liebe und der Wahrheit knüpfen wollen,
um so zu Friedensstiftern zu werden,
müssen wir uns an einer neuen Energiequelle stärken,
die von Gott ausgeht.
Wir müssen den Samen des Geistes nähren,
der sehr behutsam in die verwundbare Erde unseres Wesens
eingepflanzt wurde.
Denn wir können ausgebrannt und dadurch versucht sein,
aufzugeben,

wenn wir nicht wieder neu Kraft schöpfen,
wenn wir nicht von den Wassern trinken,
die von Jesus ausströmen:

> „Wer Durst hat, komme zu mir, und es trinke,
> wer an mich glaubt. Wie die Schrift sagt:
> Aus seinem Innern
> werden Ströme von lebendigem Wasser fließen."

Wenn wir mit Jesus keine Gemeinschaft haben,
sind wir nicht in der Lage,
unser Leben zu verschenken und Frucht zu bringen.
Beten heißt im Grunde:

> zu Jesus hingehen und trinken,
> als Freund zu ihm gehen,
> mit ihm Gemeinschaft haben,
> in seiner Liebe bleiben,
> ihm vertrauen
> und ihm nachfolgen;
> sich bei ihm ausruhen.

Beten heißt zu Jesus
und zum Parakleten aufschreien,
zu dem aufschreien, der unseren Schrei erhört,
wenn wir nicht mehr können
oder hinfallen
und auf unser Leid und unsere Zerbrochenheit stoßen.
Beten heißt
diesen ganzen Schmerz und den Schmerz der Welt
mit ihm und in ihm
dem Vater darbringen;
beten heißt den Heiligen Geist
in unsere Zerbrochenheit hineinnehmen

> und uns durch ihn zur Ganzheit führen lassen
> und von ihm lernen, so wie er zu lieben.

Beten heißt
mit unserer eigenen Mitte in Verbindung stehen,
unserer eigenen Quelle nahe sein;
zulassen, daß Jesus bei uns wohnt
und wir bei ihm;

Beten heißt sich von Jesus, unserem guten Hirten,
führen lassen.

Jesus gibt uns auch eine besondere Nahrung:
das Brot des Himmels,
seinen Leib,
sein Blut.
Er bietet uns diese seltsame und wunderbare Speise an
und bittet uns, in Bescheidenheit zu essen und zu trinken,
nicht im Verstehen, sondern im Vertrauen
wie Kinder an den Tisch zu kommen,
hungrig und durstig,
ganz ausgehungert:
„Denn wer mein Fleisch ißt und mein Blut trinkt,
der bleibt in mir und ich in ihm."

Als Jesus seinen Leib eine Speise nannte
und sein Blut einen Trank,
fühlten sich die Leute vor den Kopf gestoßen,
denn diese Worte sind skandalös, sinnlos, verrückt –
wenn wir sie lediglich mit dem Verstand betrachten.

Von dem Tag an haben ihn viele Jünger verlassen,
sie konnten nicht länger mitgehen,
denn die Worte waren zu hart.
Wenn wir aber diese Worte mit den Augen der Liebe
betrachten und annehmen,
werden sie uns Verheißung und Geheimnis
wie auch Hinweis auf das Verlangen und die Leidenschaft
im Herzen Christi:
in uns zu leben und zu lieben,
in uns zu wirken,
seine Gegenwart im Brot zu erkennen geben,
das in seinen Leib verwandelt wird.

Die Eucharistie ist unser tägliches Brot,
das uns am Opfertisch, am Opferaltar, geschenkt wird.
Zusammen mit Jesus können wir da unser eigenes Leid
und das Leid der ganzen Welt
dem Vater darbringen.

Dort werden Opfer und Gemeinschaft,
Schmerz und Ekstase,
Kreuz und Auferstehung
eng miteinander verwoben
und zur Mitte unseres Lebens
und unserer Gemeinschaft.

Das gebrochene Brot, der gebrochene Leib Jesu,
zieht uns hin zu den Abgeschobenen, den Verletzten,
den Armen.
In ihnen und durch sie wird unsere Seele ebenfalls gespeist,
doch manchmal auf schmerzliche Weise.
Das Geheimnis Jesu besteht darin, daß der Schrei der Armen
sein Ruf ist.
Dieser Ruf wirkt anziehend und abschreckend zugleich.
Er stärkt und sprengt unser Herz gleichzeitig
und ruft uns zu Hoffnung und Vertrauen auf.
Wenn wir auf diesen Schrei im Geiste
einzugehen versuchen,
unsere Arme und unsere verwundbaren Herzen öffnen,
dann wird uns Frieden geschenkt.

Doch werden wir auch vom WORT des Evangeliums gestärkt,
das der Welt
und der ganzen Menschheitsgeschichte
einen neuen Sinn gibt.
Dieses WORT Gottes ist Nahrung für den Verstand
und das Herz;
wir sind darauf angewiesen.
Ohne dieses WORT unterliegen wir leicht dem Einfluß
jener anderen Sichtweise,
die sich in unserer Welt ausgebreitet hat:
> einer Sicht der Macht und des Ansehens,
> des Vergnügens und der individuellen Eigenständigkeit,
> einer Sicht, in der Schwäche lautstark verpönt wird
> und zerbrechliche, verletzbare Menschen
> als unnütz angesehen werden;

wo es um gewaltsame Verteidigung geht
und um Wohlstands- und Sicherheitsstreben.

Ohne die Stärkung durch Gottes WORT
verfallen wir leicht in einen Zustand der Resignation
und der Schuld,
und fühlen uns angesichts der Zerbrochenheit der Welt
ohnmächtig;
wir fallen den spöttischen Stimmen zum Opfer,
die da sagen:
„Sei doch wie jeder andere auch!"
„Warum denn etwas Besonderes sein wollen?"
„Wer glaubst du eigentlich, wer du bist?"
Wir lassen uns durch Wohlstand und Macht verlocken,
durch Ansehen und oberflächliches Vergnügen.
Zweifel steigen in uns hoch,
und so lassen wir uns mit dem Strom treiben.
Das WORT Gottes ruft uns wieder zurück
zum Glauben an die Gemeinschaft der Liebe,
zum Da-Sein,
zu den Seligpreisungen, die Jesus verkündet hat.
Es gibt diesem geheimnisvollen Frieden
und der zärtlichen Ekstase,
die wir nur einen flüchtigen Augenblick lang
verspürt haben,
einen Namen.
Das WORT gibt uns die Kraft, Schmerzen anzunehmen
und uns dem Vater als Opfer darzubringen.

Jesus ruft uns jeden Tag von neuem dazu auf,
eine innere Wahl zu treffen
und Verantwortung zu übernehmen
für unsere eigene Weiterentwicklung
und die unserer Mitmenschen
sowie für unsere Fähigkeit, Leben zu schenken.
Aber wir müssen diese Wahl
mit dem Einsatz unseres ganzen Lebens treffen.
Wollen wir Jesus wirklich nachfolgen,
auf seinen Ruf eingehen

und Friedensstifter
in dieser unserer zerbrochenen Welt werden?

Wenn unsere Liebe wachsen soll
und wir immer mehr
zu Männern und Frauen des Friedens werden möchten,
und das Tag für Tag,
dann brauchen wir jemanden, der uns den Weg weist.
Auf uns allein gestellt, wird uns der Mut schnell verlassen,
wir geben auf
und suchen den breiten, ausgetretenen Weg.
Wenn uns niemand führt,
wird es schwer werden, die Früchte
der Gegenwart Gottes in unserem Leben zu erkennen.
Wenn wir auf einen tiefen Schmerz stoßen,
werden wir in Panik geraten und davonlaufen.
Wir brauchen jemanden, der uns weise und liebevoll führt,
der aus der Nachfolge Jesu lebt;
der die Wege Gottes
und das Geheimnis seiner Gegenwart
im Ärmsten und Kleinsten kennt;
der uns an den Ruf Jesu erinnert
und daran, wie er bisher in unserem Leben zugegen war
und uns zu allen Zeiten behutsam geführt hat;
der uns daran erinnert, daß wir geliebt sind
und dazu berufen, mit Jesus gemeinsam
auf dem Weg des Leides und des Mit-Leidens
unterwegs zu sein,
hin zur Auferstehung.
Solch ein Begleiter wird uns nicht sagen,
was wir zu tun und zu lassen haben,
er wird uns vielmehr zuhören, um mit uns gemeinsam
unseren Weg
und den Willen des Vaters zu erkennen.
Er wird das, was wir leben, in Worte fassen können.
Er wird uns liebevoll in sein Gebet hineinnehmen,
den Geist auf uns herabrufen,
uns in unserer Berufung bestärken;

er wird uns auch herausfordern
und auffordern, in allem echt zu sein.
Diese Begleitung
soll durch einen Mann oder eine Frau Gottes geschehen,
vielleicht einen Priester, einen Pastor oder eine Pastorin,
jemand, der tief in unser Mensch-Sein sieht,
der unseren innersten Schmerz kennt,
unsere Schwachheit und unser Wachstum,
wie auch die liebevollen, geheimen Wege Gottes.

Dieser Wegbegleiter
kann uns auch das Geschenk der Vergebung Jesu zeigen.
Es ist etwas Schönes und Befreiendes,
einen Begleiter, einen Beichtvater zu finden,
der unsere Sünden und Schwächen tragen kann,
bei dem wir uns wie bei Jesus aussprechen können,
denn er ist ein gütiges Werkzeug von Gottes Erbarmen
und wir können gewiß sein, daß er mitfühlend sein wird.

Zeiten des Ausruhens und der Erneuerung

Um wieder heil zu werden,
um unsere Zerbrochenheit anzunehmen
und ganz allmählich mitfühlender zu werden,
brauchen wir die Kraft des Geistes.
Aber wir sind Menschen
und müssen außerdem mit den Gewohnheiten
unseres eigenen Körpers und Wesens vertraut sein.
Wir müssen weise werden.
Ohne die menschliche, von Gott eingegebene Weisheit
werden wir nicht zur Ganzheit gelangen,
sondern weiter in einem geistlichen Zustand
der Verkrampfung leben,
einer Traumwelt oder idealen Vorstellungen nachhängen.
Ruhe, Entspannung und Disziplin sind wichtig.
Es überrascht mich, daß es in der Arche und auch anderswo
so viele Menschen gibt, die nicht wissen,

wie sie sich ausruhen können.
Sie sind wie eine rollende Lokomotive,
die von Angst getrieben wird,
vielleicht sogar von der Angst vor dem Haltmachen.
Und wenn sie dann einmal anhalten,
wollen sie lediglich mehr schlafen,
oder sie wissen mit der Zeit nichts anzufangen
und vertrödeln sie.
Jeder von uns
muß seinen eigenen, verborgenen Rhythmus finden,
um sich ausruhen, entspannen und regenerieren zu können,
denn jeder Körper ist anders.
Wir brauchen unseren eigenen Freiraum
und unsere persönliche Zeit.
Gott hat dem jüdischen Volk den Sabbat
als Ruhetag gegeben.
Jeder muß seinen eigenen Sabbat ausfindig machen,
seine wirkliche Stärkung.
Das ist für diejenigen unter uns umso wichtiger,
die dazu aufgerufen sind, mit vielen Spannungen
und viel Streß zu leben.
Dieses Angespanntsein,
das wir im Zusammenleben
mit verwundeten Menschen erfahren,
kann Wachstum verhindern
und Wut und Erschöpfung auslösen,
eine Tatsache, die nicht immer erkannt
und eingestanden wird.

Wir müssen lernen,
uns nicht nur am Sabbat, unserem Ruhetag,
von Anspannung und Müdigkeit zu befreien.
Wir müssen auch lernen
– wie es eine Mutter
bei den ständigen Bedürfnissen ihrer Kinder lernen muß –,
mit unseren Kräften rücksichtsvoll umzugehen
und uns zu allen Zeiten des Tages zu entspannen:
sei er mit anstrengender Arbeit angefüllt,

mit ermüdenden Besprechungen,
Krisen welcher Art auch immer,
oder den hunderttausend Dingen, die es zu erledigen gilt.
Um das zu erreichen, müssen wir entdecken, wie wir
das Aktive und das Passive in uns
in Einklang bringen können.
Wenn wir nur das Tun im Auge haben
und uns für schrecklich verantwortlich und ernst halten,
werden wir eines Tages durchdrehen.
Wir müssen das Passive in uns stärken:
unser Herz, das für eine persönliche Liebe geschaffen ist.
Wir müssen lernen, dem anderen zuzuhören,
über die Natur zu staunen,
uns einen Augenblick in der Gegenwart Jesu
auszuruhen und zu erholen,
die Liebe unserer Mitmenschen zu empfangen
und uns von ihrem Vertrauen stärken zu lassen;
wir müssen lernen, das Alltägliche zu genießen,
uns nicht zu ernst zu nehmen
und zu akzeptieren, wie Kinder zu werden.

Wir haben in der Arche die Erfahrung gemacht,
daß feiern, sich erholen und stärken
eng miteinander verknüpft sind.
Es ist wichtig, das Feiern zu erlernen:
das Eins-Sein unseres Körpers zu feiern,
der sich auf Heilung und Ganzwerdung hinbewegt;
gemeinsam Danksagen
durch Tanz, Pantomime, Gesang und Lachen.
Ja, jedes Fest sollte eine wirkliche Feier sein,
eine große und freudige Feier:
Weihnachten, Ostern, Festtage, Gedenktage, Geburtstage
Jahresanfang und -ende,
besonderer Besuch.
Es gibt so viele Gelegenheiten
zum Danksagen und zum Feiern.

Mahlzeiten sind dazu wichtig,
und zwar die täglichen Mahlzeiten.
Es ist sehr wichtig, gut zu essen,
dabei etwas zu lachen zu haben
und sich angenehm zu entspannen.
Es ist eine Zeit, bei der Menschen zusammenkommen,
um sich erneuern zu lassen.
Mahlzeiten sind nicht nur für den Magen da –
so lebensnotwendig es ist,
daß unser Körper genährt und gestärkt wird.
Essen hat etwas mit Liebe und Einheit zu tun.
Jedes Kind an der Brust seiner Mutter
weiß das genauso gut wie die Mutter selbst.
Liebe und Einheit
lassen die Mahlzeiten
zu Zeiten der Erneuerung und der Feier werden.

Bei Jesus waren Essen und Liebe
aufs engste miteinander verknüpft
bei seinem letzten Mahl,
als er seinen gebrochenen Leib,
ausgedrückt im gebrochenen Brot,
als Speise gab
und uns einlud, davon zu nehmen und zu essen.

Wenn wir den Lebensrhythmus entdecken,
der auch dem Rhythmus unseres Körpers entspricht,
können wir zu innerer Harmonie
und sanfter Gelassenheit finden.
Das Geheimnis besteht darin,
    das innere Stillwerden zu lernen,
    von liebevollem Lachen und von Freude erfüllt zu sein
    und mit all denen zu leiden, die Not ausstehen.

Dieser Einklang ist ein Geschenk Gottes an uns Menschen
und erwächst aus der Aufgeschlossenheit
und der Gastfreundschaft:
    Jesus bei uns aufnehmen,
    den erstaunlich grenzenlos Liebenden,

und das Lamm,
in dem sich Freude und Leid miteinander vermischen;
die Schönheit der Schöpfung Gottes
besingen, in ihr lachen und sich an ihr erfreuen.
Ja, Gott möchte ein frohes Volk,
aber mit weiten, aufnahmebereiten Herzen
für die, die leiden.
Mit-Leiden heißt:
unser Leben mit den Leidenden dem Vater darbringen
und auf die Verheißung hoffen:
„Komm, Herr Jesus, komm!"
Uns hungert nach dem Hochzeitsmahl,
an dem alle teilnehmen werden
und wo es Krieg und Unterdrückung,
Konflikt und Leid nicht mehr geben wird.

Unsere suchenden Herzen

Viele, die zu uns kommen,
um mit den Armen und Zerbrochenen zusammenzuleben,
haben eine grundsätzliche Frage auf dem Herzen.
Sie bezieht sich auf die menschliche Liebe überhaupt:
Sollte ich mir einen Ehemann oder eine Ehefrau suchen,
oder bin ich zur Ehelosigkeit berufen?
Die Ehe ist bestimmt eine sehr schöne Wirklichkeit:
ein Hochzeitsfest,
ein Sakrament der Liebe Gottes,
auf einzigartige Weise zu lieben und geliebt zu werden;
einen treuen Lebensgefährten,
eine treue Lebensgefährtin immer zur Seite zu haben,
damit ich ihn, damit ich sie zärtlich lieben kann;
miteinander ein Zuhause aufbauen
und Kinder haben –
das Wunder der Mutter- und Vaterschaft.

Aber eine Ehe, mag sie auch noch so schön sein,
besteht nicht nur aus Flitterwochen der Liebe;
man muß oft sterben.
Zur Ehe gehören die Treue zu einem Menschen
und die Sorge um ihn.
Es gehört eine ständige Liebe für die Kinder dazu,
so wie sie sind,
und nicht so, wie wir sie uns erträumt haben.

Jesus ruft uns auf, ihm nachzufolgen,
aber er macht uns nicht immer eindeutig klar,
ob wir ihm allein oder zu zweit nachfolgen sollen.
Wenn wir uns jedoch mit zerbrochenen
und kleinen Menschen verwurzeln,
wird es uns deutlicher.
Wir entdecken den eigentlichen Sinn unseres Lebens:
den Ruf Jesu.
Wir entdecken sein Geheimnis,
das in der Zerbrochenheit verborgen liegt.
Wenn unser Weg dann von diesem Sinn
und diesem Geheimnis bestimmt ist,
brauchen wir uns keine Sorgen mehr zu machen.
Wenn Gott möchte, daß wir heiraten
und in einer besonderen Beziehung
mit einem Menschen leben sollen,
wird er es uns zeigen,
und es wird im Rahmen des Weges gesteckt sein,
zu dem er uns berufen hat.
Unser Lebensgefährte wird uns helfen,
den Weg der Liebe und des Mit-Gefühls
noch intensiver zu leben,
die Seligpreisungen noch tiefgreifender zu leben
und an der Heilung des zerbrochenen Leibes
noch ganzheitlicher beteiligt zu sein.

Bevor wir uns nach dieser intimen Beziehung umschauen,
ist es wichtig, daß jeder seinen Lebensweg wählt.
Wenn wir den Wunsch nach Intimität
in einer Zweierbeziehung

hoch über die innerste Berufung unseres Lebens stellen,
ist die Beziehung in Gefahr, eines Tages entzweizugehen.
Wir müssen darauf vertrauen, daß wir den Lebensgefährten,
der diesen Weg mit uns teilen wird,
auf unserem gewählten Weg finden.
Unsere Intimität wird gestärkt werden,
wenn wir den gleichen Weg miteinander gehen.

Manche Menschen, ob sie nun in der Arche sind
oder in einer anderen Situation,
werden allmählich die Berufung entdecken,
das ehelose Leben positiv zu leben,
ehelos für Jesus zu sein.
Ihr Herz, ihr ganzes Sein ist für ihn,
sie vertrauen auf seine Verheißung
und erwarten voll Hoffnung das Hochzeitsfest.
Die zarte Hand der Gnade hat sie berührt:
ihr Herz ist zu einer inneren Liebe erwacht,
    einer leisen Ekstase,
    zu Gottes Umarmung.
Von diesem Geheimnis können wir nur sagen,
daß es ein sanftes
und manchmal schmerzliches Geheimnis ist.
Gebet und Eucharistie
erhalten dann eine neue Bedeutung,
und wir lernen den geheimen Namen Jesu neu kennen,
den Namen, den Johannes der Täufer verkündet hatte:
    „Bräutigam",
    „Geliebter".
Wir entdecken, daß uns dieser grenzenlos Liebende
in der Tiefe unserer Einsamkeit berührt,
wie es kein menschlich Liebender vermag,
und uns zum zarten Feuer
und zur Sehnsucht der Liebe aufruft,
zu jenem Frieden, der jeglichen Frieden übersteigt.
Die Kraft und die Behutsamkeit dieser Erfahrung
lassen sich nicht in Worte fassen:
    das Herz Jesu
    in meinem Herzen.

Wer zu diesem Weg berufen ist, ist glücklich,
den Schmerz der Ehelosigkeit anzunehmen,
und mit denen solidarisch zu sein
mit denen er zusammenlebt,
und deren ganzes Sein aus der Zerbrochenheit
nach Vertrautheit und Intimität
mit einem anderen Menschen aufschreit.
Viele zerbrochene Menschen, viele Menschen überhaupt,
sehnen sich zutiefst
nach dieser vertrauten Beziehung,
doch sie ist entweder nicht möglich
oder kommt nicht zustande.
Sie finden den Lebensgefährten nicht,
nach dem sie sich sehnen.
Ihr ganzes Wesen schreit auf vor Schmerz und Einsamkeit.
Die Gemeinschaft mit ihren begrenzten Beziehungen
reicht für sie nicht aus.
Die Wunde sitzt sehr tief.
Aber wir können miteinander unterwegssein,
einander berühren und lieben
und den Schmerz,
die Freude und die Hoffnung
auf das ewige Hochzeitsfest miteinander teilen!

Der Leib der Menschheit und der Leib Christi

Wir sind in der Arche nicht die einzigen,
die sich für Frieden einsetzen
und mit zerbrochenen Menschen zusammenleben möchten.
Wir sind nicht die einzigen, die in der Nachfolge Jesu
den Weg gehen, der abwärts führt,
mitten in die Schmerzen der Erde,
in der Hoffnung auf Wiedergeburt und Entwicklung
zur Freiheit.
Auf der ganzen Welt leben und erblühen

kleine Gemeinschaften in der Nachfolge Jesu;
sie lassen in unendlich viele schmerzliche Bereiche
Licht einfallen:
kleine Lichter leuchten
in den Flüchtlingslagern von Kambodscha,
Augen der Liebe und des Mit-Leidens
brennen in unseren grauenvollen Gefängnissen,
Gesichter der Hoffnung glühen in den Ghettos,
Brüder und Schwestern,
Missionare und Missionarinnen der Nächstenliebe
sind den Sterbenden nahe
und umspülen sie mit Liebe;
die Kleinen Schwestern und Brüder Jesu
sind den Armen nahe
und entdecken in ihnen ihre Schönheit.

Und auch in jeder Gemeinde, in jedem Haus,
in jedem Herzen,
das einen verwundeten Menschen aufnimmt,
ist die leise Gegenwart Jesu da,
die tröstet, liebt und die Frohe Botschaft verkündet.
Ja, auf der ganzen Welt
entdecken die Armen ihren Wert und ihre Schönheit:
das Licht der Welt
ist in ihrem Leib und in ihrem Innersten gegenwärtig,
Gott wird sichtbar.

Ja, auf der ganzen Welt und über alle Generationen hinweg
wird das Licht der Hoffnung angezündet,
und es wird niemals verlöschen.
Die Flamme wird weitergereicht
von einem zum andern,
von einem Herzen zum andern.
Und kein politisches oder militärisches Regime
kann es je auslöschen.
Der Geist wird ausgegossen.
Deshalb müssen wir Mut fassen,
wenn es in unserem Leben stürmisch zugeht
und Jesus zu schlafen scheint.

Denn in anderen Teilen der Welt
scheint immer noch die Sonne
und da ist Jesu Gegenwart eindeutiger zu erkennen.

Es besteht eine seltsame und geheimnisvolle Verbindung
zwischen Menschen auf der ganzen Welt,
die sich danach sehnen, daß das Licht Gestalt annimmt
in Werken des Friedens,
der Gerechtigkeit und des Mitgefühls,
Menschen, die einander auf geheimnisvolle,
unsichtbare Weise Mut zusprechen:
zwischen den Unterdrückten, den Gekreuzigten
und den Notleidenden
und denen, die stark sind und bei guter Gesundheit;
zwischen denen in stiller Betrachtung
und denen, die hart unter der heißen Sonne arbeiten;
zwischen denen, die schweigend lieben
und denen, die die Frohe Botschaft verkündigen
oder empfangen.

Wenn wir Jesus nachfolgen,
trinken wir alle
aus derselben unausschöpflichen Quelle.
Wir baden alle
in denselben lebensspendenden Wassern.
Diese Wasser fließen seit Generationen
aus dem verwundeten Herzen Jesu;
sanfte Wasser, die durch die Propheten von alters her
geflossen sind:
durch jüdische und hinduistische Propheten,
buddhistische und moslemische Propheten,
Männer und Frauen Gottes,
die uns zu den Wassern der Ruhe und des Lebens einladen.

Seit dem Tag, da das WORT Fleisch angenommen hat
und einer von uns geworden ist,
ist jeder Mensch aufs engste mit Jesus verbunden.
Das WORT ist in jeder Hinsicht Mensch geworden:
ein menschliches, verletzbares Herz

mit der Fähigkeit zu lieben,
zu weinen und Schmerzen zu erleiden,
und so imstande, Vergebung zu schenken
und mitzufühlen.
Jesus ist einer von uns, einer von unserem Fleisch.
Er ist unser ältester Bruder,
der Bruder der Kleinsten und Schwächsten,
die ihn vielleicht noch nicht einmal mit Namen kennen.
Er hat jeden Mann und jede Frau lieb,
denn jeder Mensch ist das Werk seiner Hände,
durch ihn, dem ewigen WORT des Vaters, geschaffen,
jeder einzelne ein Abbild Gottes,
jeder trägt das Licht Gottes, das in ihm oder ihr brennt;
Jesus sorgt sich um jeden einzelnen;
er ist von dem Wunsch beseelt,
daß jeder sein Leben leben und feiern kann.
Und er sagt ausdrücklich, daß
er der Hungrige und Durstige ist, daß
er im Gefängnis oder im Krankenhaus ist, daß
er der Fremde ist, der nackt auf der Straße liegt.
Hierin liegt das Geheimnis:
Der Leib Christi ist die Menschheit selbst.

Die Kirche ist die Versammlung der Gläubigen,
die aus der Welt der Sünde, des Hasses und der Angst
zwar herausgerufen sind,
aber zugleich als Zeugen seiner Liebe
und als Zeichen der Auferstehung in ihr bleiben sollen.
Die Kirche, das sind all jene, die auf Jesus vertrauen,
die in ihm das Lamm Gottes erkennen,
das uns rettet, heilt und von Schuld befreit.
Aber sie ist auch eine Kirche des Schmerzes,
denn sie ist eine Kirche der Sünder,
die glauben und doch nicht glauben,
die vertrauen und doch nicht vertrauen,
die sowohl im Licht wie auch in der Finsternis wandeln.
Das geheimnisvolle Gesicht der Braut, des Leibes,
erstrahlt voller Licht.

Doch das sichtbare Antlitz der Kirche
ist durch Wolken verdeckt.
Wir sollten uns von diesen Wolken nicht beirren lassen;
hinter ihnen scheint die Sonne.

Die Kirche muß die Gesinnung Christi
immer mit Vollmacht vertreten, und sie muß sich deutlich
gegen die Unterdrücker und Verführer der Armen
aussprechen.
Die Kirche muß ständig
    durch die Zeichen und Früchte des Geistes,
    durch das WORT Gottes,
    durch die Schriften der Heiligen,
    durch die Gegenwart des Geistes in der Kirche
        über die Jahrhunderte hinweg
die Botschaft Jesu und seine Wege suchen.

Aber die Kirche muß dabei vorsichtig sein,
damit sie den Menschen kein Joch aufbürdet,
das zu schwer ist.
Die Kirche muß sich im Sinne des Heiligen Geistes
entwickeln und ändern.
Manchmal geht diese Entwicklung sehr langsam vor sich.
Es stimmt, manchmal scheint das Boot sehr schwer beladen,
und nicht immer weht ein frischer Wind.
Uns wäre es lieber, wenn es bei seiner Kreuzfahrt
über die bewegten Gewässer der Menschheit
etwas schneller voran käme.

Die Kirche besteht aus ganz gewöhnlichen Menschen,
die begnadet und begrenzt sind.
Wer die Last der Autorität trägt
und seinen Auftrag zu dienen von Jesus erhält,
muß viel zuhören,
denn er ist in den Dienst des Leibes gestellt.
Er ist zwar durch diese Sendung begnadet,
doch auch selber verwundet und voll Angst,
eine Mischung aus Licht und Dunkel.

Wir können ungeduldig sein;
vielleicht ist Jesus auch ungeduldig, doch er wartet.
Gütiger Jesus,
du wartest auf mich genauso wie auf jeden anderen.
Denn der Pharisäer,
der Sünder,
der Mittelmäßige und der Verängstigte,
das bin auch ich.
Vergib mir und hilf mir,
mich mit größerer Leichtigkeit
in der herrlichen Freiheit der Kinder Gottes zu erheben.

Wenn wir, die wir Jesus nachfolgen, unser Leben
mit zerbrochenen Menschen teilen wollen,
dann ist es wichtig,
daß wir nicht nur unseren eigenen Interessen leben
und nicht nur beweisen, wie gut wir sind.
Wir sind lediglich eine kleine Zelle in einem riesigen Leib,
der Kirche.

Sie ist eine Mutter, die uns zur Welt bringt,
uns stärkt und uns anleitet.
Wir haben teil an diesem Leib,
und dieser Leib braucht uns.

Das Licht, das in jedem von uns leuchtet,
macht den Körper schöner.
Und wir sind dazu berufen, diesen Leib zu lieben,
wie er aus vielen Generationen erwachsen ist,
gegründet auf Jesus und seine Apostel,
als der Geist an Pfingsten auf sie herabkam.

Und im Leib der Kirche
gibt es viele verschiedene Glieder.
Wir sind zusammengehalten in einem zarten Bund
und einer Gemeinschaft:
Keiner ist besser als der andere.
Aber jeder ist für den anderen da,
wir geben einander Licht;
wir brauchen uns gegenseitig.

Wie sehr sind wir auf heilige Pastoren, Priester, Bischöfe
und den Papst angewiesen,
die uns lieben, einigen, bestärken, herausfordern,
die die Frohe Botschaft verkünden
und uns den Leib Jesu geben.

In unseren kleinen Arche-Gemeinschaften
können viele von uns
Zeugnis ablegen von der Gnade, die wir
durch Männer und Frauen des Gebets empfangen haben,
die verborgen in vielen Klöstern auf der ganzen Welt
nachts oder frühmorgens aufstehen
und Jesus im Lied verherrlichen.
Wie sehr brauchen wir das Gebet, das von
    kleinen Leuten,
    kranken Leuten,
    von betagten Leuten,
    von verborgenen kontemplativen Leuten ausgeht.
Das Gebet, das im Schmerz ihrer zerbrochenen,
an den Rollstuhl oder ans Bett gefesselten Körper
dargebracht wird,
mit dem Jesus angerufen
und im Lied gepriesen wird.

Gemeinschaften dürfen niemals
voneinander abgeschnitten sein
und kleine Ghettos der Selbstgenügsamkeit bilden,
die von ihren eigenen Angelegenheiten
völlig in Anspruch genommen sind.
Wir müssen emsig wie die Bienen sein,
die vom Bienenstock der Gemeinschaft wegfliegen,
zu verstreuten Blumen nah und fern, wo jede einzelne
Gott auf unverwechselbare Weise verherrlicht.
Wir müssen einander die Hand geben.
Wir sind aufeinander angewiesen.
Wir müssen uns gegenseitig stärken,
ermutigen
und füreinander beten.

Jeder ist schön
mit all seinen Unterschieden
und seinen unverwechselbaren Gaben,
mit seinem innersten Schmerz und seiner Untreue.
Gemeinsam sind wir wie eine Wasserquelle,
die ganz sanft über eine durstige Menschheit fließt.

Der zerbrochene Leib der Kirche
ist Anlaß für viele Tränen.
Vielleicht sind die Christen heute noch nicht ganz eins
in ihrem Glauben, in ihren Organisationen und Strukturen.
Aber sie können eins sein in ihrer Liebe
und in ihrer Sehnsucht Jesus nachzufolgen,
ohne unbedingt immer zu wissen, wohin der Weg führt,
der ihnen Schritt für Schritt
vom Heiligen Geist gezeigt wird.
Sie können eins sein,
wenn sie gemeinsam mit Jesus hinabsteigen
und ihm im Ärmsten und Schwächsten begegnen.
Es ist wahr,
daß die Christen heute nicht alle um denselben Tisch sitzen
und vom gebrochenen Brot,
das in den Leib Christi verwandelt ist, essen können;
sie können aber gemeinsam
mit den Armen und Schwachen
um denselben Tisch sitzen und essen.
Ist das nicht der direkteste Weg zur Einheit?

Es stimmt, daß Christen verschiedener Traditionen
heute nicht aus demselben Kelch
vom Blut Christi trinken können;
doch wir können alle gemeinsam
aus demselben Kelch des Leidens trinken:
dem Leiden an der Spaltung,
an der Zerbrochenheit unserer Welt.
Gemeinsam
können wir den köstlichen Balsam des Mitgefühls
auf die Wunden der Menschheit gießen.

Einheit
wird nicht nur um den Schatz des Leibes Jesu entstehen,
um seinen zerbrochenen, auferstandenen Leib,
der in der Eucharistie verborgen ist,
sondern auch um den Schatz des zerbrochenen Leibes Jesu
in den Armen.

In mancherlei Hinsicht sind
die Eucharistie
und das Waschen der Füße verwundeter Menschen,
dem zerbrochenen Leib Christi,
ein und dieselbe Wirklichkeit:
das eine gewinnt durch das andere seinen Sinn,
das eine erwächst aus dem anderen.

Gemeinschaften des Friedens

Mein Bruder, meine Schwester,
du bist gemeinsam mit Jesus aufgerufen,
eine Brücke zu bilden.
Vielleicht bist du aufgerufen,
Heiler und Friedensstifter zu sein,
deine eigene Kultur zu verlassen
und dafür in eine andere Kultur hineinzuwachsen:
in die Kultur der Armen und Zerbrochenen.
Wie auch immer deine äußeren Lebensumstände
sein mögen,
der Ruf ist da,
gelassen und zuversichtlich
die Leiter hinabzusteigen
und Jesus,
das Licht, das in der Dunkelheit leuchtet, zu entdecken –
dieser Ruf bleibt bestehen.
Du bist aufgerufen, deinen Mitmenschen
ihre Schönheit,
ihr strahlendes Licht,
ihren Platz im Herzen Gottes aufzudecken.

Wenn du aufgerufen bist, die Kluft
zwischen Arm und Reich,
zwischen Kulturen und Nationen
zu überbrücken
und ganz gleich, wo du bist,
jedem Bruder oder Schwester zu werden,
dann mußt du dich um innere Heil-werdung bemühen:
deinen inneren Frieden.
In deinem Innersten müssen
    Kopf,
    Herz und
    Hände zusammenkommen;
    deine Sexualität muß in dein Wesen
    und in deine Beziehungsfähigkeit
    integriert sein.
Tief in deinem Innern
müssen Geist und Leib
eine noch engere Verbindung eingehen.
Du bist aufgerufen,
deine Dunkelheit und deine Zerbrochenheit
anzunehmen und zu integrieren
und den heilenden Geist Jesu
in jene Schichten eindringen zu lassen,
in denen du so sehr verletzbar und sogar verängstigt bist.
Er kennt uns gut,
denn er ist das WORT, das uns erschaffen hat.
Nur er, der Schöpfer,
kann alles in Weisheit und Liebe
neu machen.
Erst wenn du heil wirst,
wenn du deine eigene Zerbrochenheit
und dein eigenes Elend annimmst,
und wenn du die heilende Kraft und das Erbarmen Jesu,
unseres Retters und Heilandes,
auf dich herabkommen
und in dir aufbrechen läßt,
erst dann wirst du eine Quelle der Einheit
für andere werden.

Nur wenn du deinen eigenen Durst entdeckst
und ihn bei Jesus stillst,
kannst du auch in andere überfließen
und ihnen Frieden schenken.

Öffnen wir uns
dem heilenden, vergebenden Geist Jesu.
Decken wir alle Schmerzen der Vergangenheit auf,
alle Wunden,
die vom Augenblick unserer Empfängnis an da waren
– gewollt oder ungewollt –
und von der Zeit an,
da wir im Mutterschoß getragen wurden;
decken wir die Wunden aus unserer frühen Kindheit auf,
als wir uns abgelehnt
oder erdrückt fühlten,
in unserem Wesen nicht geliebt
und in unseren Gaben nicht anerkannt;
und auch die Wunden,
die von allem Versagen in der Vergangenheit herrühren:
    von unserer Unfähigkeit,
    zu lieben und Leben zu schenken.
Decken wir all die Menschen auf,
denen wir wehgetan haben
mit unserer Sündhaftigkeit, unserem Stolz
oder unserer Angst,
und durch die Mauern,
die wir um unsere Verwundbarkeit errichtet haben.

Lassen wir den heilenden, vergebenden Geist Jesu
unser ganzes Sein durchdringen
und uns zur Ganzheit führen.
Dann wird gerade inmitten der Dunkelheit
ein neues Mit-Leiden aufbrechen,
das uns an andere bindet.

Frieden schaffen fängt nicht
bei Großveranstaltungen oder Straßendemonstrationen an,
sondern da, wo wir die Menschen,

mit denen wir leben, teilen und arbeiten,
mitfühlend annehmen;
die Menschen, die uns bedrohen,
weil sie anders sind;
die uns wehtun,
die „unsere Feinde" sind,
weil sie uns auf die Füße treten,
uns nicht genügend berücksichtigen
oder uns nicht den Platz zugestehen,
der uns unserer Meinung nach zusteht.

Frieden schaffen fängt zu Hause an,
wo wir die Wunden unserer Mit-Menschen mit-tragen
und ihnen erlauben, auch unsere Wunden mit-fühlend
mitzutragen,
und wo wir ihnen aufhelfen
und ihre Fähigkeiten stärken.

Auf diese Weise
läßt sich eine Familie oder eine Gemeinschaft
aufbauen,
sie ist nicht auf Gesetzen,
Verwaltung oder guter Organisation gegründet
– so notwendig und wichtig dies auch ist –,
sondern sie entwickelt sich behutsam
durch liebevolle Beziehungen.

Dabei dürfen wir nicht vergessen,
daß die allerersten Friedensstifter
die zerbrochenen Menschen selbst sind:
        durch ihren qualvollen Schrei,
dem Schrei nach Liebe,
dem Urschrei, der ihrer Zerbrochenheit entspringt,
fühlen sich Menschen angezogen und aufgerufen,
aber auch belästigt:
der Schrei heilt und tut zugleich weh.

Jesus hat gesagt: „Wenn ich erhöht bin,
            werde ich alle zu mir ziehen."
Sein verwundeter Leib,

das unschuldige Lamm,
weckt in unseren Herzen
Mit-Gefühl und Wahrhaftigkeit.

Das Kind, das unschuldige Kind,
und der hungrige, einsame Bettler,
der in seine Verzweiflung eingeschlossen ist,
tragen eine geheime Kraft in sich,
die Menschen aus Mitgefühl
anzieht.
Sie führen Menschen
aus Liebe zusammen:
doch sie können auch Spaltung verursachen
und Angst auslösen,
weil uns ihr Schrei zu einem Umbruch aufruft,
den wir nicht wollen.

Es ist manchmal schwierig,
in kleinen Gemeinschaften,
wo scheinbar nur eine Handvoll Menschen Leben erhalten,
daran zu glauben, daß das alles einen Sinn hat.
In jedem von uns steckt etwas von dem Glauben,
daß Größe Schönheit ausmacht.
Wir meinen, wir müssen Großes vollbringen,
die Quelle des Übels treffen und nicht nur die Symptome,
Gutes in einem großen Rahmen tun,
immer mehr Menschen aufnehmen und retten,
Dinge organisieren,
auf der ganzen Welt eine Botschaft verkünden,
Bücher schreiben
und im Fernsehen auftreten.
Aber je mehr wir uns darauf einlassen,
umso mehr steigt das Risiko,
das Wesentliche aus den Augen zu verlieren
und uns aus dem Band der Liebe herauszureißen,
damit setzt unser Sterben ein.

Alles echte, menschliche Leben hat seine Grundlage
in der Einwurzelung in die Erde,
in treuen Beziehungen,
in Treue denen gegenüber,
mit denen wir in Liebe verbunden sind,
im gemeinsamen Tragen der Last
und dem Teilen von Freud und Leid.
Diese Grundlage ist Mit-Gefühl und Vergebung.
Das Kleine ist wirklich schön.
Jesus verbrachte dreißig verborgene Jahre voller Liebe
mit Josef und Maria.
Dabei zeigte er uns, wie wir Wurzeln schlagen,
zueinander gehören und Gemeinschaften aufbauen können.
Nazareth ist unsere Lebensschule,
in der wir lernen,
    schlicht und bescheiden
    in der Gegenwart Gottes zu leben,
    mit unseren Händen zu arbeiten,
    unsere Mitmenschen aufzunehmen, wie sie sind –
        mit ihren Gaben und ihren Verletzungen –,
    in Wahrheit unterwegs zu sein
    und unser Herz auf Mensch und Natur hin zu öffnen.

Und von dieser Grundlage
aus Treue und Liebe
zu den Menschen, mit denen wir zu leben berufen sind,
können wir aufgefordert sein,
den anmaßenden Machtstrukturen standzuhalten;
wir können auch zum Kampf aufgerufen sein,
jedem Menschen zu dem Platz zu verhelfen,
der ihm in Gesellschaft und Kirche rechtmäßig zusteht,
und zu dem Freiraum,
in dem er sich weiterentwickeln kann.
Von dieser Basis aus wird jeder von uns
seinem Ruf und seiner Gabe entsprechend
für die gesamte Gesellschaft
Veränderung und Liebe bewirken.

Es ist wahr, daß manche Menschen berufen sind zu regieren,
in einem größeren Rahmen zu wirken
und Gesetze zu machen, die gerecht sind.
Manche sind berufen, Arbeitsplätze zu schaffen,
andere wieder im Pflegebereich
und in sozialen Berufen zu arbeiten;
wieder andere sollen unterrichten.
Das alles ist nötig.
Eine Gesellschaft besteht aus vielen Menschen
mit vielen Funktionen.
Aber für all diese Funktionen
gibt es nur ein Prinzip:
das Kleine macht die Schönheit aus.
Wir müssen Situationen und Gemeinschaften schaffen,
wo jeder
– besonders der Ärmste und Schwächste –
Menschenwürde erlangen kann,
wo jeder Arbeit, die Erfüllung schenkt,
und ein herzliches Familienleben finden
und sich an der Frohen Botschaft Jesu erfreuen kann.

Das ist die Berufung für uns alle:
  in echten und liebevollen Beziehungen leben,
  Frieden stiften
und den Leib der Gemeinschaft schaffen
und immer wieder neu schaffen.

In seinem ersten Brief an die Korinther
sagt uns der heilige Paulus,
daß wir zwar Schönes und Großes vollbringen mögen,
  in den Sprachen der Menschen und Engel reden,
  alle Geheimnisse wissen
  und sogar durch Glauben Berge versetzen könnten –
  wir aber die Liebe nicht hätten,
  nützte es uns nichts.

Im weiteren erklärt er dann:
„Die Liebe ist geduldig und gütig,
  sie ist nicht eifersüchtig und prahlt nicht,

sie ist nicht überheblich oder taktlos.
Sie sucht nicht ihren Vorteil,
läßt sich nicht zum Zorn reizen.
Die Liebe freut sich an der Wahrheit.
Die Liebe erträgt alles,
glaubt alles,
hofft alles,
hält allem stand."

Ja, die Liebe zeigt sich in kleinen Dingen,
da, wo es um den Mitmenschen geht.

Und in all dem
sind Josef, Maria und Jesus in Nazareth
unser Vorbild.
Sie zeigen uns, was es heißt,
Mensch zu sein.

Einige verlieren den Mut,
weil alles so klein und unbedeutend scheint:
die ganze Zeit
–vielleicht wie in der Arche –
mit einer Handvoll Menschen zusammenleben,
die eine geistige Behinderung haben. Die Ergebnisse
sind nicht sehr beeindruckend.

So zu leben ist nur möglich,
wenn wir den kontemplativen Aspekt unseres Lebens
entdecken:
In der Gegenwart Jesu
und in der Gegenwart zerbrochener Menschen leben
mit dem Wunsch, ein Zeichen der Liebe zu sein.
Daran glauben, daß wir in unserer ganzen Kleinheit
dem Vater Freude schenken, ihn verherrlichen
und durch ihn Wandel bewirken können.

Vielleicht ist schon die Tatsache,
daß wir uns dafür einsetzen,
den Leib,
den Leib der Gemeinschaft, wiederherzustellen
und daß wir mit Menschen zusammenleben,

die voneinander
und auch von uns sehr verschieden sind –
Menschen, die verschiedenen Kirchen
oder Religionen angehören
oder gar keiner,
Menschen unterschiedlicher Rassen, Kulturen, Schichten –,
vielleicht ist schon diese Tatsache ein Zeichen dafür,
daß Unterschiede zu einem Schatz werden können,
daß Krieg nicht unvermeidbar ist;
daß Frieden und Gerechtigkeit möglich sind,
weil aus Jesus, dem Zerbrochenen, Liebe hervorströmt,
aus Jesus, der an seinem verherrlichten Leib
für alle Ewigkeit
die ihm zugefügten Wundmale trägt.

Vielleicht können wir ein Zeichen sein
für den Wert jedes einzelnen Menschen,
ganz gleich, wie zerbrochen,
wie arm
oder wie scheinbar nutzlos er oder sie
in den Augen der Gesellschaft sein mag:
Ein Zeichen dafür sein,
daß sie einen Schatz in ihrem Herzen tragen.

Vielleicht setzen wir uns durch unsere Bemühungen,
auch nur einen Mitmenschen zu retten
und ihm zur Freiheit zu verhelfen,
für die gesamte Menschheit
und für alle Unterdrückten ein.

Vielleicht können wir somit helfen,
das Geheimnis des Evangeliums aufzudecken:
daß Gott das Törichte erwählt,
um die Weisen zu verwirren;
daß Gott das Schwache erwählt,
um die Starken zu verwirren;
daß Gott das Niedrige und Verachtete erwählt,
um seine Macht und Herrlichkeit zu zeigen.

So können wir dazu beitragen, auch andere aufzurufen,
den Weg zu gehen, der nach unten führt,
den Weg der Bescheidenheit und des Mitgefühls,
so daß jeder für sich
die rettende Kraft des Evangeliums entdecken kann:

Jesus, das Lamm,
das gekommen ist, um der Welt Frieden zu schenken,
indem es die Sünde hinwegnimmt
und unser Herz den Armen und Zerbrochenen öffnet,
so daß wir unser Eins-Sein gemeinsam feiern
und miteinander zur Freiheit erwachsen können.

Denn die Herrlichkeit Gottes
im Heil-Sein seines Leibes
ist jeder einzelne Mensch, der wirklich lebt.

Nachwort

Ich habe dieses Buch
in der Stille eines Trappistenklosters begonnen,
eingebunden in das Gebet der Mönche.
Ich beende es nun in Bethanien,
auf der Westbank,
nur wenige Kilometer von Jerusalem entfernt.

Bethanien war für Jesus
ein Ort, an dem er sich ausruhen konnte.
Er ging gerne mit Marta, Maria und Lazarus dorthin,
um sich auszuruhen.

Heute ist Bethanien ein Unruheherd,
ein Ort der Spannungen.
Während meines kurzen Besuches hier
bin ich auf der ganzen Westbank des Jordanflusses
viel Leid begegnet.
Das Militär hat die Universität von Bethlehem geschlossen.
Studenten wurden erschossen und umgebracht.
Es herrschen Wut, Zorn, Angst
und Verzweiflung.
In der Altstadt
wurden Häuser, die Arabern gehörten, niedergebrannt.

Wir haben eine kleine Gemeinschaft
in Bethanien angefangen,
im Moslemviertel,
ganz in der Nähe der Wüste, die nach Jericho führt.
Dort haben wir Ghadir in die Gemeinschaft aufgenommen,
ein vierzehnjähriges Mädchen:
ihr Körper ist verdreht und verkrümmt,
ihre Augen sind schwarz und ernst;
ihr sanfter Gesichtsausdruck

wechselt von Teilnahmslosigkeit, Traurigkeit
oder einfach Müdigkeit
zu leuchtendem Frieden.
Ihr Lächeln durchstrahlt ihr ganzes Wesen,
wenn sie zärtlich sagt:
„Ich liebe dich."
Sie spricht kaum,
aber wenn sie etwas sagt, dann sind es Worte der Liebe.
Ja, ihre Schwachheit
strahlt Liebe aus.
Sie ist eine kleine Blume,
die von den Stiefeln politischer und militärischer Macht
leicht zerdrückt werden kann.

Ghadir ist Moslem.
Ihre Eltern sind arm und überlastet.
Unsere Nachbarn sind auch Moslems:
Ali und Fatma leben mit ihren sieben Kindern
über uns.
Ihnen gehört unsere Wohnung.
Sie sind Freunde;
sie schützen und helfen uns
und schenken uns ihre Liebe.

Während wir von Truppen umgeben sind,
die sowohl Angst als auch Gewalt verbreiten
und für Machtkämpfe sorgen,
die Haß und Mißtrauen schaffen,
ist Ghadirs Lächeln,
das aus der Schwachheit ihres Körpers strömt,
ein Licht in der Welt,
ein Licht für die Welt.

Mein Bruder, meine Schwester,
wie Abraham
bist auch du aufgerufen,
deine Angehörigen und Freunde zu verlassen
und Brücke zu sein
in einer Welt der Spaltung und des Krieges.

Auch du bist aufgerufen,
in dem Gesicht von Ghadir oder von Menschen wie sie
der sanften Gegenwart Gottes zu begegnen.
Auch du bist berufen,
ein Mann oder eine Frau des Friedens zu sein.

Vergiß den Ruf Jesu nicht,
der dich von der Welt des Wohlstandes und der Sicherheit
wegzieht,
damit du mit ihm
und mit den Ghadirs dieser Welt unterwegs sein kannst.

Es wird Zeiten geben,
wo du dich unsicher und überwältigt fühlst,
wo du in Zweifel und Orientierungslosigkeit hineingerätst.
Erinnere dich dann an den behutsamen Ruf der Liebe
von Jesus und Ghadir:
„Komm und folge mir nach.
Komm und sei bei mir.
Hab keine Angst.
Ich werde deine Stärke und deine Sicherheit,
die Quelle deiner Hoffnung sein."

Bethanien, im Dezember 1986

Dank

Ich möchte mich ganz besonders bei Chris Sadler bedanken. Sie hat durch ihre Inspiration und ihren Einblick wesentlich zur Wahrheit, zum Licht und zur Weisheit dieses Buches beigetragen.

Danken möchte ich besonders auch Teresa de Bertodano, Victoria Wethered und Olive Peat vom Verlag Darton, Longman & Todd. Ihre Geduld und Genauigkeit haben zur Klärung des Textes und zur Verbesserung des Englischen beigetragen.

Bücher von Henri J. M. Nouwen im Verlag Herder

Bilder göttlichen Lebens
Ikonen schauen und beten
Der Kern der christlichen Botschaft in der Betrachtung von vier russischen Ikonen.
96 Seiten mit 4 vierfarbigen Abbildungen, gebunden.
ISBN 3-451-20752-4

Der dreifache Weg
„Eine neue Schau der Praxis menschlichen Für- und Miteinanders. Dieses Buch wird von sich reden machen" (Heinrich Spaemann).
4. Auflage. 160 Seiten, Paperback. ISBN 3-451-20019-8

Feuer, das von innen brennt
Stille und Gebet
„Allen suchenden und engagierten Gebetsgruppen vermittelt dieses Buch wertvolle Hilfen und Anregungen" (Anzeiger für die Seelsorge).
8. Auflage. 96 Seiten, Paperback. ISBN 3-451-19427-9

Gebete aus der Stille
Den Weg der Hoffnung gehen
Persönliche Gebete, die die Angst lösen und für Gottes Gegenwart öffnen.
144 Seiten, Paperback (HTb. 1668). ISBN 3-451-08668-9

Geheilt durch seine Wunden
Wege zu menschlicher Seelsorge
„Das Buch gehört in die Hände von Seelsorgern, die ihre Arbeit kritisch begleiten möchten" (Kirche und Welt).
144 Seiten, Paperback. ISBN 3-451-20853-9

Gottes Clown sein
Vom Beten und Dienen
„Ein faszinierendes geistliches Buch, das Mut macht, den Glauben im Alltag zu leben" (Kirchenzeitung, Köln).
4. Auflage. 120 Seiten, Paperback. ISBN 3-451-20544-0

Ich hörte auf die Stille
Sieben Monate im Trappistenkloster
Das Tagebuch einer Zeit echter spiritueller Formung.
11. Auflage. 204 Seiten, Paperback. ISBN 3-451-18023-5

Im Haus des Lebens
Von der Angst zur Liebe
„Dieses Buch zeigt Wege, wie uns der geistliche Aufbruch vom ‚Haus der Angst' zum ‚Haus der Liebe' gelingen kann" (Das neue Buch).
2. Auflage. 120 Seiten, Paperback. ISBN 3-451-20783-4

In ihm das Leben finden
Einübungen
„Die Frische der Gedanken ist erstaunlich. Eine Einführung in das geistliche Leben" (Radio Vatikan).
5. Auflage. 104 Seiten, Paperback. ISBN 3-451-19549-6

Jesus, Sinn meines Lebens
Briefe an Marc
„Ein Buch, das ins Zentrum bewußten Lebens zielt" (Christ in der Gegenwart).
2. Auflage. 120 Seiten, Paperback. ISBN 3-451-21329-X

Nachts bricht der Tag an
Tagebuch eines geistlichen Lebens
Das bewegende Zeugnis geistlichen Ringens um den Weg mit Gott.
272 Seiten, Paperback. ISBN 3-451-21443-1

Schöpferische Seelsorge
Gedanken, die ins Herz der heutigen Seelsorgenot treffen.
176 Seiten, gebunden. ISBN 3-451-21544-6

Seelsorge, die aus dem Herzen kommt
„Nouwen entwirft in sehr persönlicher Weise das Bild eines christlichen Seelsorgers" (Klerusblatt).
2. Auflage. 80 Seiten, Paperback. ISBN 3-451-21442-3

Sterben, um zu leben
Abschied von meiner Mutter
„Diese Geschichte wird zur Geschichte aller. Ein Buch, das nicht vertröstet, sondern tröstet" (Der Rufer).
3. Auflage. 128 Seiten, Paperback. ISBN 3-451-19857-6

Von der geistlichen Kraft der Erinnerung
„Ein Buch, das Kraft gibt und Halt" (Würzburger Diözesanblatt).
3. Auflage. 88 Seiten, Paperback. ISBN 3-451-20253-0

Wohin willst du mich führen?
Notizen aus Lateinamerika
„Ein lesenswertes, unbequemes Buch – nicht nur für Katholiken" (Westfälische Nachrichten).
256 Seiten, Paperback. ISBN 3-451-19885-1

Zeit, die uns geschenkt wird
Älterwerden in Gelassenheit
Ein Buch für alle Generationen, das leidenschaftlich gegen das Alter als Abstellraum und Wartezimmer zum Tod plädiert.
4. Auflage. 96 Seiten, Paperback. ISBN 3-451-19760-X